# LES
# RUINES
## DE PARIS

PAR

**CHARLES MONSELET**

auteur de

*La Franc-Maçonnerie des Femmes.*

II

PARIS

L. DE POTTER, LIBRAIRE-ÉDITEUR

RUE FONTAINE MOLIÈRE, 27.

# LES RUINES DE PARIS

Avis aux personnes qui veulent monter un Cabinet de Lecture.

# BIBLIOTHÈQUE

DES

# MEILLEURS ROMANS MODERNES

## 2,300 volumes. — Prix : 2,500 francs.

Cette collection contient les NOUVEAUTÉS de nos auteurs les plus en vogue publiées jusqu'à ce jour par la maison, lesquelles sont accompagnées d'affiches à gravure et autres. — Tous les ouvrages sont NEUFS et garantis bien complets.

Les Libraires qui feront cette acquisition recevront GRATIS *cent exemplaires du Catalogue* complet et détaillé *avec une couverture imprimée à leur nom* pour être distribués à leurs abonnés.

La Maison traite de gré-à-gré pour un nombre moins considérable de volumes à des conditions très-avantageuses.

Grandes facilités de payement moyennant les renseignements d'usage. Le Catalogue se distribue gratis aux personnes qui en feront la demande par lettres affranchies.

Paris. — Imp. P.-A. BOURDIER et C$^{ie}$, rue Mazarine, 30.

# LES
# RUINES

## DE PARIS

PAR

### CHARLES MONSELET

auteur de
*La Franc-Maçonnerie des Femmes.*

II

**PARIS**
L. DE POTTER, LIBRAIRE-ÉDITEUR
RUE FONTAINE MOLIÈRE, 27.
Droits de traduction et de reproduction réservés.

# LES
# PETITS BOURGEOIS
### PAR
## H. DE BALZAC.

Dans les *Employés* ou la *Femme supérieure*, Balzac avait déposé le germe de la délicieuse peinture de mœurs qui, sous le titre de *les petits Bourgeois*, présente d'une manière si gaie et si exacte un des aspects de la vie parisienne. Comprenant que la profondeur de l'observation et la vérité des caractères ne constituent pas tout le mérite d'un roman, l'auteur a eu soin d'introduire, dans celui que nous recommandons à l'intérêt du lecteur, une dose d'intérêt dramatique que Corentin, le terrible homme de police, d'*Une ténébreuse Affaire* et du *Splendeurs et Misères des Courtisanes*, ne pouvait manquer d'y porter avec lui. La figure de *Tartufe*, refaite selon les mœurs de notre époque et jetée au milieu de toutes les petites passions de la bourgeoisie, crée avec elle le contraste le plus saisissant. Tout en y montrant, dans un piquant relief, les ridicules de la petite classe moyenne, Balzac n'a pas manqué pour elle de justice, et il a dit aussi ses côtés dignes et élevés. La moralité, dont on a quelquefois regretté l'absence dans certaines de ses œuvres, n'est pas ici moins rayonnante que dans *César Birotteau* : c'est une peinture vraie, sans amertume, et malgré une légère couche de burlesque dont elle a dû par moment être affublée, l'honnêteté, dans ce livre plein de cœur, finit par rester maîtresse du champ de bataille. La grandeur de la vie privée, le parfum doux et vivifiant que répandent autour d'eux les sentiments de famille, finissent par y dominer toutes les émanations fétides et insalubres qu'exhalent les bas-fonds sociaux où l'auteur devait être entraîné par son sujet, s'il voulait faire un tableau complet. Jamais il n'a peint l'amour avec plus de fraîcheur et de pureté; jamais il n'a été plus gai sans cesser d'être dramatique; jamais il n'a observé plus finement, sans que sa plume eût l'air d'un scalpel et sans que son étude de mœurs ressemblât à une autopsie.

---

## LE CABINET NOIR
### PAR
## CHARLES RABOU.

L'histoire d'une institution ténébreuse autour de laquelle l'imagination est autorisée à grouper les combinaisons les plus dramatiques; une fable pleine d'originalité et d'intérêt, qui, s'ouvrant à la mort de Charles I$^{er}$ d'Angleterre et ne se dénouant qu'à la mort de Napoléon, est successivement conduite par l'auteur, en Angleterre, en Allemagne, en France, en Ecosse, en Italie, aux Etats-Unis, à Malte et jusque dans l'île africaine de Madagascar; au milieu de cet horizon vraiment épique, une foule de personnages saisissants, dominés par une grande figure que ne cesse d'entourer une mystérieuse atmosphère; des incidents sans nombre, dont le lecteur suit néanmoins sans fatigue la marche et le développement; de curieux détails sur les sociétés secrètes; en un mot, toutes les émotions que peuvent créer l'histoire, le drame et le roman, réunies dans un cadre où la grandeur ne fait jamais tort à l'unité, tels sont les éléments du livre où le sombre auteur des *Contes Bruns* et de *l'Allée des Veuves* a résumé toute la force d'invention qui caractérise son talent. L'Allemagne, pays où les romans noirs ont toujours fait fortune, n'a pas attendu que l'auteur eût achevé son œuvre, et deux traductions paraissant simultanément à Leipzig et à Vienne, avant qu'un journal français eût terminé la publication du livre de M. Charles Rabou, témoignent de la sensation qu'il a produite, même à l'étranger.

Paris. — Imp. de P.-A. BOURDIER et C$^{ie}$, 30, rue Mazarine.

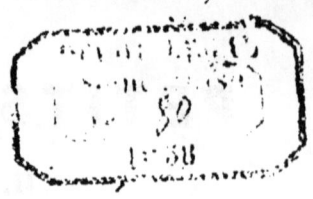

I.

Les démolitions (*Suite.*)

La rue du Musée, une des plus anciennes de Paris, faisait dignement sa partie dans ce concours d'abjections et de hideurs. On pouvait y entrer par la place du Palais-Royal ou par la place du Musée, au choix. Par la place du Palais-Royal, on rencontrait des cafés sordides, des logeurs à la nuit, des fripiers ténébreux ; le tout aboutissant à un égout. Par la place du Musée, c'était autre chose.

D'abord, la place du Musée était elle-même une des principales curiosités du laid Paris, une autre Cour des Miracles. De cette place, ou, pour mieux dire, de ce carrefour, plus exhaussé que le reste du terrain, on plongeait sur un dédale de bicoques lépreuses, rongeant les flancs du Louvre, sur un archipel de *musicos* et de trous à rats.

Du côté des Tuileries, l'horizon était borné par une longue ligne de bouquinistes et de marchands d'oiseaux; car la place du Musée a été jusqu'au dernier moment l'asile inviolable des livres et des perroquets. On y voyait aussi des antiquaires, des tondeurs, des empailleurs, posés comme une menace à côté des volières gazouillantes; des marchands de bric-à-brac qui vendaient des épreuves de Rembrandt et des lorgnons d'écaille, des guitares et des poires d'Angleterre.

Dans cette foire permanente, le regard était sollicité, à droite et à gauche, par des curiosités contrastantes et par des monstruosités, telles que les ébauches inconcevables que venaient y exposer des rapins sans pudeur : académies d'après l'antique, paysages inspirés par des étalages de fruitières, baigneuses surprises par des chasseurs en goguette. A côté de cette peinture hurlante, on apercevait des dogues et des chiens de chasse, aussi hurlans dans leurs niches que les tableaux dans leurs cadres; des cygnes mélancoliques enfermés dans des cages de bois; des chouettes au masque sanglant; maître Renard à côté de maître

Corbeau; et le troupeau de petites souris blanches qui essaient de passer le bout de leur museau entre les barreaux de fil de laiton qui les tiennent captives.

Quelques joueurs de gobelets, avec l'immuable Paillasse en veste jaune et en bas tigrés, complétaient la physionomie de la place du Musée. Ils étaient cantonnés dans le cabaret de Besacier, faisant angle sur la rue, cabaret fameux d'où sont sortis les derniers Bobêches, école souveraine qui emporte les secrets du *boniment* et du *pallas*; portique suspect où des philosophes en rupture de ban révélaient les mystères des tarots à des conscrits ambitieux ; collégiale du vico où se rencontraient, couchés sous les tables, les premiers grands prix d'alcool et de vin violet !

Une quinzaine de marches usées et grasses descendaient de ce cabaret à la rue du Musée.

Nous avons dit qu'on commençait à la démolir lorsque René y arriva.

Déjà la plupart des portes et des croisées étaient dégarnies de leurs boiseries et de leurs ferrures ; des matériaux de toutes sortes encombraient le pavé. Autour des maisons s'élevaient de larges clôtures, gardées par un invalide.

Ce que René chercha tout de suite du regard, ce fut la maison la plus haute, car l'écrit du duc de Fontenay indiquait un sixième étage.

Après un examen attentif, il finit par s'arrêter à une sorte de belvédère couronnant une maison étroite, barbouillée du haut en bas par des enseignes de dentistes, de tailleurs et d'acheteurs de reconnaissances du mont-de-piété. Ces enluminages successifs ne lui avaient pas enlevé son caractère lugubre; c'était bien

une véritable cachette d'émigré : porte
bâtarde, escalier noir comme un four,
fenêtres alongées.

René dit : — Ce doit être là.

Fiévreux comme un joueur à son coup
décisif, il dressa sur-le-champ son plan
d'opérations.

La palissade était facile à franchir pendant la nuit; et tout faisait supposer
que, la maison étant déserte, on pourrait
sans obstacle parvenir jusqu'au sixième
étage. Là, une simple inspection du mur
devait confirmer ou détruire ses espé-

rances; en frappant à l'endroit du briquetage, il obtiendrait un son du moindre vide.

Malgré l'abondance et la succession rapide de ses pensées, la nuit lui parut lente à venir. Il passa le temps qui l'en séparait à rôder aux alentours de la rue et à en étudier les aboutissants.

L'instant arriva enfin où, de tous les côtés, s'élancèrent les ombres pour étouffer le jour mourant. Courte fut la lutte. Les feux du Palais-Royal s'allumèrent, mais la rue du Musée resta obscure. La rue du Musée resta muette.

Seul, l'invalide de garde troublait par intervalles le silence, en toussant et en marchant.

René avait choisi son point d'escalade hors de la portée de ses regards.

Il se hissait déjà sur un tas de grosses pierres, lorsque, en levant les yeux pour la millième fois sur la fenêtre du sixième étage, il crut y apercevoir un jeu de lumière semblable à celui qui résulte d'un pauvre foyer tourmenté par un soufflet d'alchimiste.

Cette découverte l'inquiéta vivement.

Il examina longtemps cette lueur vacillante, qui, peu à peu, s'éteignit tout à fait.

Ses conjectures l'amenèrent à penser qu'elle provenait d'un reflet d'éclairage lointain, balancé par le vent.

Des pieds et des mains il fit tant, qu'il eut bientôt passé par-dessus le rempart de planches, sans éveiller l'attention de l'invalide.

Ensuite, ployé en deux, il essaya de s'orienter à travers les débris épars sur le sol. Tantôt il s'embarrassait les pieds dans une espagnolette, tantôt il se heurtait à un escalier en colimaçon.

Il arriva enfin, en tâtonnant, à la porte de la maison convoitée.

Une fois là, il ne s'arrêta point à considérer ce qu'il pouvait y avoir d'excentrique dans cette conduite, surtout pour un membre de l'ordre des avocats. Il s'engagea résolument, quoique avec précaution, dans l'escalier. L'obscurité était compacte. A chaque étage, les portes ouvertes prouvaient le renvoi de tous les locataires. Plus il montait, plus il ralentissait sa marche. Il se coula jusqu'au sixième. Mais là, il y avait quelqu'un, car il entendit les souliers d'une femme sur le carreau, et même il distingua le grésillement d'une friture dans la poêle.

Effaré, René de Verdières retint son haleine.

Pourquoi n'y avait-il aucune lumière dans ce grenier où l'on faisait cuisine? Quelle cause y avait retenu des habitants?...

Ses réflexions furent interrompues par un bruit de pas formidable.

Un homme montait l'escalier.

Ce devait être un habitué de la maison, car, malgré les ténèbres, il enjambait très-vite.

Où allait-il ?

Impossible à René de songer à redescendre ; d'ailleurs, il n'en avait pas le désir. Cloué par la curiosité, et résolu à tout, il voulut connaître le mot de cette énigme. Cet homme était sans doute un des hôtes mystérieux du sixième étage.

René se blottit au fond d'un corridor mansardé.

Presque aussitôt, il sentit passer une masse auprès de lui; et deux coups retentirent sur la porte du belvédère, qui s'ouvrit.

— Apportes-tu de la chandelle, Magloire? demanda une femme.

C'était la voix dolente de Colomba.

— Mon agneau, je l'ai oubliée à dessein, reprit le comte de Plougastel.

Et la porte se referma.

Néanmoins, et par suite du mauvais état des boiseries, la conversation de ce couple continua d'arriver jusqu'à René.

— Il ne faut pas que nous ayons de la lumière, ajouta le comte; je t'expliquerai cela plus tard.

— Tous ces mystères m'inquiètent, Magloire. Qu'y a-t-il donc de changé depuis hier?

— Rien, je t'assure, ma Colomba.

— Ne sommes-nous plus chez nous?

N'avons-nous plus le droit de rester ici? demanda-t-elle.

— Tu sais combien les questions de droit me sont peu familières; cesse donc de m'embarrasser.

— Comment allons-nous vivre?

— Vivons, mais vivons sans chandelles.

— Sans chandelles!

— Vois, murmura le comte, comme la nuit est limpide et comme le firmament est parsemé d'étoiles. De quel front oserais tu insulter à la majesté de ce spectacle, en opposant un misérable flambeau à l'astre vaporeux des soirs?

— Magloire, tu me trompes encore.

— Moi!

— Tu me caches ce qui se passe dans le quartier.

— Que veux-tu dire, Colomba?

— Je sais qu'on abat notre rue.

— Abattre notre rue! s'écria-t-il avec une feinte surprise; quoi! la bande noire porterait sa pioche odieuse jusque dans ce berceau du vieux Paris! Abattre la rue Froidmanteau, autrefois Froid-Mantel; détruire nos traditions, disperser nos souvenirs, renoncer à ce côté si pittoresque du moyen-âge! Oh! Colomba, sois bien sûre qu'on y regardera à deux fois avant de commettre un tel forfait archéologique!

— Le forfait est pourtant commencé d'aujourd'hui, ajouta-t-elle.

— C'est impossible!

— Toute la journée, j'ai entendu le travail des démolisseurs.

— Tu as mal entendu, ma Colomba ; on ne songe pas démolir, mais à embellir. Ce sont des réparations que j'ai sollicitées de l'administration supérieure.

— Mais cette barrière qu'on a élevée devant notre maison ?

— Cela signifie que l'autorité nous protège contre nos créanciers. Ils se permettaient des visites trop fréquentes ;

maintenant, il leur est interdit d'arriver jusqu'à nous.

— Magloire, parle sérieusement. Tous les locataires ont quitté la maison ce matin ; la rue est bien décidément condamnée, n'est-ce pas?

Le comte de Plougastel hésita un moment.

— Eh bien! oui, puisque tu tiens à le savoir. Je t'avais défendu cependant d'ouvrir les fenêtres.

— C'est vrai.

— Et même de regarder à travers les vitres; tu sais combien je suis jaloux! j'ai du sang d'Espagnol.

— Je n'ai pu résister au désir de connaître la vérité; qu'allons-nous faire, grand Dieu? dit Colomba.

— Tu es une alarmiste; les événements t'arrivent à travers un prisme détestable. Je te prie de me dire ce que notre position a d'attristant : nous étions tourmentés par des créanciers; le génie civil a établi des fortifications qui rendent notre demeure inaccessible à ces ennemis de notre repos. Ils nous supposent partis, ils nous cherchent au loin, et nous goûtons ici un calme sans nuage. De l'invalides chargé de défendre l'entrée de ce paradis terrestre, j'ai fait mon ami et mon humble subordonné.

— Comment cela? demanda Colomba avec étonnement.

— Il me croit l'adjudicataire général des démolitions.

— Oh! tu n'as pas craint...

—Il sera toujours temps de le désabuser, se hâta de dire Magloire ; en attendant, tu vois qu'en ne nous montrant pas trop aux fenêtres, en ne répandant pas une lumière trop abondante dans cette chambre, ou mieux encore, en n'en répandant pas du tout, nous avons au moins huit jours de béatitude à passer ici. Nous emporterons nos lares au dernier moment, à l'heure où le marteau des vandales fera disparaître l'appui sous nos chaussures.

— Et alors?...

— Alors, ma Colomba, ne crois pas que nous soyons embarrassés : un des plus riches propriétaires de la rue de la Paix me tracasse pour que je lui prenne un premier étage avec balcon.

— Pauvre Magloire ! tu te fais toujours illusion.

— Pauvre Colomba ! tu oublies sans cesse que je suis l'inventeur du *Parfum des Almès*. Tiens ! j'en ai vendu deux flacons aujourd'hui, voici trois francs cinquante centimes. C'est tout bénéfice. Demain, j'en placerai pour mille écus.

— Pardonne-moi, j'ai tort de me plaindre ; mais que veux-tu ? dès-l'âge de cinq ans, j'ai toujours eu peur de mourir de faim.

— Petite folle ! s'écria la comte ; je te

promets un hôtel et des chevaux l'année prochaine; un laquais en longue redingote abaissera le marche-pied de ta voiture... Mais as-tu fait frire ces goujons?

— Oui, dit Colomba.

— Passons donc dans la salle à manger, car mon appetit commence à élever la voix.

Un cliquetis de fourchettes succéda à ces paroles.

Malgré les ténèbres, les deux époux se

livrèrent à une active consommation de goujons.

René n'avait plus rien à apprendre ; il jugea qu'il était inutile de prolonger sa faction sous les poutres. Sans doute, ces bohémiens resteraient dans leur grenier jusqu'à ce qu'on vînt en ébranler les murailles. Le plus sûr moyen d'épier l'instant de leur départ et d'en profiter, était de s'enrôler parmi les ouvriers employés aux démolitions.

C'est ce que René résolut de faire dès le lendemain.

Il descendit comme il était monté, c'est-à-dire avec les mêmes précautions, et il se retrouva dans la rue du Musée entre neuf et dix heures.

Quelques instants après, il avait regagné son cabinet de la cour d'Aligre.

Le premier objet qui frappa sa ses yeux, en entrant, fut le volume de l'*Imitation*, qu'il avait laissé sur sa table.

Un remord, — un conseil !

Précisément le livre était ouvert à ces

belles et simples paroles, si bien rendues par le vieux Corneille :

Pour t'élever de terre, homme, il te faut deux ailes ;
La pureté de cœur et la simplicité ;
Elles te porteront avec facilité
Jusqu'à l'abîme heureux des clartés éternelles.

Si ton cœur était droit, toutes les créatures
Te seraient des miroirs et des livres ouverts,
Où tu verrais sans cesse, en mille lieux divers
Des modèles de vie et des doctrines pures.

Certes, s'il est ici quelque solide joie,
C'est un cœur épuré qui seul la peut goûter
Et s'il est quelque angoisse au monde à redouter,
C'est dans un cœur impur qu'elle entre et se déploie.

René lut ces vers placés là comme un enseignement, et son âme se serra malgré lui.

Mais ce dernier appel le trouva sourd.

Avant de s'endormir, une précaution lui parut indispensable à prendre.

Il tenait à la main la lettre du duc de Fontenay; il voulut la relire une fois encore, comme pour en graver dans sa tête les moindres indications.

Après quoi, l'approchant d'une chandelle, il brûla le seul titre de propriété des héritiers du duc.

## CHAPITRE DEUXIÈME.

## II.

Sur les toits.

Au point du jour, deux hommes se présentèrent à l'entrepreneur des démolitions, dont le bureau était situé à peu de distance de la rue du Musée.
1858

Tous les deux allaient demander de l'ouvrage.

L'un se fit inscrire sous le nom de René, et se donna pour un graveur sans emploi.

L'autre était plus âgé; mais sa physionomie dénotait plus de bonne humeur que celle du jeune homme.

Quand on le questionna sur son nom et sur sa profession, il répondit bruyamment:

—Bertholet, maçon, gâcheur, casseur de pierres, tout ce qu'on voudra.

L'un et l'autre furent acceptés immédiatement et mis sur-le-champ à l'ouvrage; c'est-à-dire qu'on les arma d'une pioche et qu'on les envoya sur la crête d'un mur voisin.

Ni l'un ni l'autre ne se connaissaient; mais le hasard qui les avait rapprochés se plut à compléter son œuvre.

Du premier coup d'œil, Bertholet s'aperçut de l'inexpérience de René.

—Excusez! dit-il d'un ton un peu goguenard, est-ce que vous craignez d'égratigner les pierres? Tapez plus fort, allez! il ne leur viendra pas d'ampoules.

René de Verdière rougit légèrement et ne répondit point.

Le maçon craignit de l'avoir choqué; et, avec sa cordialité habituelle, il ajouta:

—Après cela, camarade, ce n'est pas votre faute si vous n'avez pas l'habitude; il y a commencement à tout. Examinez-moi seulement, et vous en saurez bientôt autant que moi.

— C'est en effet la première fois que je fais ce métier, répondit René.

— Bah! ce n'est pas plus terrible qu'autre chose; il ne s'agit que d'avoir le pied, et surtout de ne pas regarder sans cesse autour de vous, comme vous faites.

— Comme je fais?

— Eh, sans doute! Vous avez toujours

les yeux levés sur cette grande maison de l'autre côté de la rue.

—Vous vous trompez, balbutia René.

—Soit; c'est un conseil que je vous donne. Si vous tenez absolument à sacrifier quelques-uns de vos membres, mettez que je n'ai rien dit.

D'après la tournure de ce dialogue, René vit qu'il était opportun de se montrer plus circonspect.

Il parut donc exclusivement occupé de son travail.

Travail périlleux, et qui méritait en effet son attention exclusive!

Debout, et se dessinant sur le ciel argenté du matin, n'ayant pour poser ses pieds que les poutres conservées d'un vieux plafond, il poussait devant lui, et cassait comme une croûte de pâté, les murailles d'un quatrième étage.

Les pièces tombaient avec fracas; des flots de poussière suivaient chaque éboulement, et se dispersaient au loin, grain stérile, et dans lequel Hamlet eût peut-être reconnu au passage les cendres d'Alexandre-le-Grand.

La position de Bertholet était aussi dangereuse, et peut-être plus singulière.

Il était enfoncé jusqu'à mi-corps dans une cheminée, qu'il démolissait en se hissant sur les degrés d'une échelle placée à l'intérieur.

La cheminée, usée, calcinée, cédait ou plutôt s'égrenait à chaque coup de pioche. Alors Bertholet descendait d'un échelon. Il la vit ainsi s'abaisser sous lui peu à peu.

En moins d'une heure, grâce à son

habileté, la cheminée était complétement démolie.

D'autres ouvriers avaient été distribués sur des postes non moins importants. Tous apparaissaient dans la poudre blonde et blanche des ruines.

Il y en avait qui, d'une main, se cramponnaient à une corde fixée solidement à une maison voisine, et qui, de l'autre, travaillaient à briser le plancher sous leurs pieds.

Chacun d'eux avait le calme et la certitude. Ils semblaient accomplir la chose la plus simple du monde, et l'on voyait bien que la partie morale de leur œuvre leur échappait entièrement.

Un tel spectacle ne se représente que tous les deux ou trois siècles.

C'est Paris faisant peau neuve.

Et l'on conçoit tout ce que cette métamorphose anéantit d'habitudes, de mœurs et d'aspects.

Aussi profiterons-nous de l'occasion qui se présente pour jeter un coup d'œil sur le panorama que René avait en ce moment sous les yeux, et sur cette vaste échancrure de ruines qui s'appelle aujourd'hui le quartier Rivoli.

Ceux qui veulent connaître le Paris vieux et noir n'ont qu'à se hâter, car de jour en jour les rues disparaissent, les maisons les plus remarquables par leur ancienneté ou par le souvenir qui s'y rattache sont abattues.

Encore quelques années, et la *ville-musée* par excellence aura perdu bien des droits à ce titre; elle aura fait peau neuve, et ce ne sera plus le Paris de nos pères ni le nôtre, ce sera le Paris de nos fils, — de *nos neveux,* comme on dit en style noble.

La rue de Rivoli a fait sa trouée à travers nos légendes, nos événements, nos mœurs nationales, pour installer sur leurs ruines sa voie régulière et son architecture paisible. Nous ne voyons rien à redire à cela : il est juste de répandre la lumière la lumjère et d'agrandir l'espace dans les quartiers habités par le peuple; la salubrité passe avant le pittoresque; un égoïste amour de l'art ne doit pas nous faire oublier le bien de l'humanité. Il nous reste la ressource de crayonner les maisons avant qu'elles tombent, et de fixer dans des livres l'origine et l'histoire des rues condamnées.

Tout cela est vrai, et tout cela n'empêche pas les involontaires regrets dont on se sent saisi en présence des images de la destruction. Je voudrais que les démolitions s'accomplissent dans la nuit ou de grand matin, comme se font les exécutions capitales, et que l'on mît autant de mystère à raser une maison qu'à supprimer un homme. Il y a quelque chose de souverainement triste dans la contemplation de ces édifices éventrés, laissant voir des planchers à moitié pourris, des plafonds enfumés, des murs que recouvrent encore les petites fleurs d'une tapisserie antique.

Et si cette chambre a été habitée par vous ; si vous avez aimé, pleuré ou rêvé au coin de cette cheminée, qui s'imprime en suie maintenant aux yeux de tout le monde; si contre cette porte, aujourd'hui sans serrure, vous avez autrefois tendu l'oreille pour épier un pas ami dans l'escalier ; si cette fenêtre, par où semble semble avoir passé l'incendie, a été l'accoudoir de vos mélancolies et de vos espérances; si enfin une partie de votre jeunesse, — et qui dit jeunesse dit bonheur, — est restée dans cette chambre où plongent à présent les regards de passants, et qui a l'air d'une plaie ouverte, je connais votre douleur intime, je partage les révoltes de votre pudeur en face de cette exhibition sans pitié. Cette démolition lente, et pierre à pierre, qui s'arrête et puis qui recommence, qui se repose quelquefois pendant des semaines, c'est la torture donnée à vos souvenirs. Mieux vaudrait l'écroulement soudain.

Beaucoup de rues ont disparu en totalité; quelques-unes sont restées et resteront à l'état de tronçons.

Je ne sache pas, que jusqu'à présent, les démolitions aient amené des découvertes bien utiles; j'ignore même si, au point de vue de l'art et de l'histoire, le gouvernement a chargé un homme expert de suivre les travaux et de diriger des fouilles. C'est pourtant ce qui devrait toujours avoir lieu dans de telles circonstances. Une inscription cachée, un escalier resté inaperçu peuvent, avant de voler en éclats sous la pioche inintelligente, livrer à un œil savant le secret d'une existence célèbre, ou répandre tout à coup la lumière sur un fait inexpliqué depuis des siècles. On ne devrait toucher à une ville comme Paris qu'avec toutes sortes de précautions pieuses, et ne consommer la ruine d'un quartier qu'après en avoir ordonné la reproduction fidèle par le burin et par la plume ; — mais c'est l'habitude des civilisations de se montrer ingrates envers leur berceau.

Il nous est cependant assez difficile à nous, les archéologues désintéressés, les historiens-artistes, d'assister jusqu'au bout à cette œuvre de mort ; car aussitôt que commence la destruction sérieuse d'un pâté de maisons, on entoure, très-sagement du reste, ce pâté d'une clôture à laquelle on accroche un écriteau ainsi conçu : *le public n'entre pas ici ;*

puis on place à toutes les issues un gardien armé d'un sabre. Ce qui se passe là dedans ne regarde plus dès lors que les maçons et l'autorité ; la science et la littérature sont invitées à passer leur chemin, car elles font partie du public, et, dans leur propre intérêt, on ne veut pas qu'elles soient exposées à recevoir des poutres sur la tête.

Il est vrai qu'au centre des maisons saccagées est établi à un rez-de-chaussée quelconque, ou dans un pavillon en bois, un *bureau des démolitions*, où les ouvriers vont toucher chaque soir le prix de leur journée, et où il leur est enjoint de déposer les trouvailles qu'ils pourraient faire. Mais encore une fois cela est-il suffisant ; et à cet inspecteur assis dans sa chaise, ne conviendrait-il pas d'adjoindre un commissaire érudit, actif intrépide, qui surveillerait intelligemment les hasards de la démolition et recueillerait ces mille détails d'architecture enfouis quelquefois sous une une couche de plâtre, ou que révèle soudainement un pierre dérangée ?

Abandonnons cette question, sur laquelle d'ailleurs il est un peu tard pour nous appesantir. Essayons plutôt de parcourir le chemin des ruines qui nous a été fait depuis le Louvre jusqu'à l'Hôtel-de-Ville.

La rue du Coq, déjà si courte, est réduite à sa plus simple expression ; il ne reste plus aucun vestige de la haute et belle maison au bas de laquelle Mercier de Compiègne avait installé, sous le Consulat, sa petite boutique de librairie.

Ce Mercier de Compiègne, que plusieurs de nos lecteurs ont sans doute connu, continuait la tradition des libraires-auteurs, des Lacombe, des Prudhomme, des Colnet, des Ange Pitou ; il était membre de plusieurs Académies, et il avait composé une trentaine de volumes sur toute espèce de sujets, vers ou prose, tels que : *Mon Serre-Tête ou les Après-Soupers d'un commis, Rosalie et Gerbois*, les *Nuits de la Conciergerie*, etc. Il avait, comme on disait alors, de la *facilité*, mais il n'avait que cela. Sa femme était jeune et charmante; il passait pour l'aimer à la folie.

On peut dire que la caricature française est née dans la rue du Coq, aujourd'hui rue Marengo, ou du moins qu'elle s'y est prodigieusement développée, car c'est là que parurent les premiers croquis révolutionnaires et les premières études de costumes de Carle Vernet, si exactes et si bouffonnement traitées.

Depuis lors, la rue du Coq n'a pas cessé d'être le théâtre de ces exhibitions plaisantes, qui sont comme un thermomètre populaire où la foule va consulter les variations de la politique, de la mode et des mœurs.

Peut-être cela intéressera-t-il quelqu'un de savoir que cette rue tire son nom de deux bourgeois du quatorzième siècle, Jean-le-Coc et Rogier-le-Coc, qui y avaient chacun une maison.

Disparus, les beaux arbres qui décoraient la terrasse de l'hôtel d'Angiviller! Ils répandaient leur fraîcheur au coin de la place de l'Oratoire, et balançaient leurs panaches touffus avec ce grand ton d'aristocratie qui distingue les arbres aussi bien que les hommes. Il y a cinquante ans environ, le babil de leurs feuilles charmait les derniers instants d'une adorable pécheresse, dont l'esprit valait le cœur, de Sophie Arnould, qui, devenue vieille et pauvre (est-ce possible?), avait obtenu de Bonaparte une pension et un logement dans l'hôtel d'Angiviller.

J'en rougis pour le dix-huitième siècle, lui si prodigue et si pompeux, ingrat au point de laisser payer ses dettes de boudoir par un enfant de la révolution! le dix-huitième siècle léguant au dix-neuvième le soin de recueillir ses anciennes maîtresses et de leur procurer une agonie paisible! Cette action, accomplie simplement par Bonaparte, ce trait de générosité envers une pauvre femme dont ses amants ne se souvenaient plus, a quelque chose qui remue et qui fait dire: Bien! On sait gré aussi à Sophie Arnould de ce sentiment de fierté qui l'a retenue de s'adresser à une cour qu'un seul éclair de ses beaux yeux mettait jadis à ses genoux; cette main qui se tourne vers un homme qui ne l'a point connue est plus noble et plus touchante qu'une main tendue vers un Lauraguais ou un Richelieu. Ce n'est plus une femme qui réclame, c'est un nom qui demande; elle n'invoque pas d'autre souvenir que sa célébrité : — J'étais Sophie Arnould autrefois...

Stendhal a également habité pendant quelque temps l'hôtel d'Angiviller.

A partir de là, — la rue de Rivoli coupe la rue Jean-Tison et n'en laisse subsister que la partie tortueuse et charbonneuse qui se jette dans la rue des Fossés Saint-Germain-l'Auxerrois. Elle traverse la rue de l'Arbre-Sec et élargit démesurément l'ancienne rue de Béthisy, toute pleine encore des souvenirs d'une nuit de massacre. Une imprimerie occupe l'emplacement ensanglanté par l'assassinat de l'amiral Coligny.

La rue nouvelle se continue en partageant la rue de la Monnaie et en rognant la rue Tirechappe, succursale des piliers des halles et séjour favori des fripiers d'autrefois, lesquels avaient l'habitude de tirer les passants par l'habit pour les engager à entrer chez eux.

« Lieu cher aux avares, dit un écrivain du temps, parce qu'ils y composent un habit, à peu près comme un poëte moderne compose une tragédie française de pièces et de morceaux rapportés. »

Elle divise en deux l'importante rue des Bourdonnais, siége d'une bourgeoisie active et heureuse, logée dans des maisons dont les portes cochères sont énormes, et dont les magasins immenses, à demi plongés dans l'obscurité, laissent entrevoir des amas de marchandises

Remarquons que, de tout temps, cette rue semble avoir porté bonheur à ses habitants : combien, au siècle dernier, de romans, d'anecdotes, de nouvelles à la main commencent par cette phrase presque sacramentelle :

*Un riche marchand de soie de la rue des Bourdonnais, etc.!*

Si nous remontons plus haut dans l'histoire, nous la trouvons encombrée d'hôtels seigneuriaux, tels que l'hôtel de Villeroi et tels que l'hôtel de La Trémouille, dont les dépendances s'étendaient jusqu'à la rue Tirechappe, et qui, après avoir passé à différentes personnes, finit par appartenir au président de Bellièvre, dont il garda le nom.

Un mot sur ce président nous servira à rompre, pour un instant, la monotonie de ces détails topographiques.

Le président de Bellièvre, qui vivait, comme on sait, sous Henri III, n'avait précisément rien de bien facétieux dans l'esprit; mais diverses circonstances comiques où le hasard lui fit jouer un rôle entamèrent et compromirent hautement sa réputation de gravité. De ce nombre, il faut citer l'aventure qui lui arriva un soir de carnaval chez la reine, où il s'était rendu avec le cardinal de Bourbon. La reine s'ennuyait à mourir, et ses dames, Mmes de Limier et d'Uzès, n'imaginèrent rien de mieux pour la divertir que d'habiller en femmes le cardinal et le président. Malgré la résistance qu'ils crurent devoir opposer pendant quelques minutes, elles les coiffèrent, avec des rideaux de lit, à la mode d'alors, puis elles les prirent sous le bras pour les conduire devant la reine. Celle-ci en eut pour une demi heure à rire aux éclats de voir des hommes de cet étage et de cette qualité accoutrés de la sorte; la figure du président de Bellièvre, surtout, lui semblait la plus divertissante du monde.

Une autre fois, le roi s'entretenait avec M. de Joyeuse; c'était au temps de la faveur de ce dernier. Le président de Bellièvre attendait humblement à la porte du cabinet de Sa Majesté, qui était restée entr'ouverte; très-curieux de sa nature et très-friand des nouvelles de cour, il essayait, mais en vain, de surprendre quelques paroles. Désir de courtisan est un feu qui dévore, autant que désir de nonne. Voulant à toute force connaître ce qui se passait dans le cabinet du roi, il se hasarda enfin à mettre le nez entre les deux tapisseries. M. de Joyeuse s'en aperçut; il ne dit d'abord rien ; mais par un mouvement rapidement exécuté, il se rapprocha de la porte, et saisissant tout à coup le président par le nez, il l'amena tout confus jusqu'au milieu du cabinet, devant le roi, qui riait à se tenir les côtes.

## CHAPITRE TROISIÈME.

## III.

Sur les toits (*Suite*).

Revenons à la rue de Rivoli, qui, dépassant la rue des Bourdonnais, réunit celle des Mauvaises-Paroles et celle des Deux-Boules, en retranchant dextrement tout un parallélogramme de maisons, si bien que de la rue des Mauvaises-Paroles il ne reste plus que le côté gauche, et de la rue des Deux-Boules que le côté droit.

La même population aisée et commerçante embrassait ce quartier, qu'elle ne désertera pas, je pense, à cause des embellissements.

Autrefois la rue des Deux-Boules s'appelait Guillaume-Poirée, d'une famille de bourgeois qui avaient des possessions aux alentours, et dont l'un a laissé son nom à la rue Bertin-Poirée.

C'est dans la rue des Mauvaises-Paroles que demeurait un financier célèbre au dix-huitième siècle sous le nom de M. Titon le fils.

Comme tous les financiers, ce M. Titon, habitué à accommoder ses moindres fantaisies à la sauce aux pistoles, en était arrivé, dans un âge encore vert, à n'avoir plus une ombre de fantaisie. Il avait tout acheté : la joie, la santé, la considération, les amours (je ne dis pas l'amour).

Une fois qu'il n'y eut plus rien à vendre, il se trouva dégoûté de tout : la seule chose nouvelle qui lui restât à faire, c'était de se marier; il se maria. La manière plus qu'originale dont il s'y prit pour accomplir cet acte, que de toutes les choses bouffonnes Beaumarchais affirme être la plus sérieuse, fit un bruit extraordinaire qui courut jusqu'à Versailles, et ne s'arrêta même pas là. J'ai lieu de croire cette aventure assez ignorée pour ne pas craindre d'ennuyer le lecteur en la lui racontant.

M. Titon le fils, las des coquettes de Paris, conçoit le dessein d'aller chercher au hasard une femme en province. En conséquence, il se rend à la poste et ordonne qu'on mette des chevaux à sa chaise.

— Quelle route, monsieur? dit le postillon, après avoir fait claquer son fouet.

— Celle que tu voudras, mon garçon.

— Mais encore...

— Va devant toi.

Le postillon mène M. Titon le fils à Saint-Denis, puis à Saint-Denis il lui demande :

— Où aller maintenant ?

— Du côté qui te plaira, cela m'est égal.

— Cependant...

— Eh bien ! toujours tout droit.

A la troisième poste, même question et même réponse indifférente. La chaise roule toujours, elle roule pendant un jour et une nuit; M. Titon le fils semble ne vouloir pas s'arrêter. Enfin l'on parvient sur la frontière, dans une petite ville. Il descend, il regarde à droite et à gauche, et entre dans une église au moment où l'on allait chanter le *Salut*. Il voit entrer une femme mise décemment, et précédée d'une belle jeune fille.

— Voilà ma femme ! dit-il en lui-même.

Après avoir attendu patiemment la fin du Salut, M. Titon le fils sort de l'église, suit la dame, monte derrière elle l'escalier et pénètre dans le salon.

— Madame, dit-il, je viens vous demander la main de votre fille.

— Eh! qui vous a conduit ici, monsieur?

— Le postillon, madame. Je suis fermier-général; faites venir le directeur, il reconnaîtra bien vite ma signature.

Le directeur vient et s'incline jusqu'à terre devant un des princes de la finance. On soupe; après le souper, M. Titon le fils dit à la mère:

— J'ai cent mille livres de rentes, j'en offre la moitié en donnation à mademoiselle votre fille.

La dame ne vivait que d'un revenu médiocre; le saisissement lui coupa la parole.

— Acceptez-vous? continua le financier; ma chaise est à quelques pas, et je n'attends que votre décision pour retourner à Paris ou continuer mon chemin.

— Nous acceptons.

— C'est bien, dit M. Titon le fils.

Et le surlendemain, les mêmes chevaux de poste ramenaient triomphalement rue des Mauvaises-Paroles la mère, la fille et le nouvel époux.

La rue des Lavandières traversée, on se heurtait à ce quartier obscur et fétide mais très-caractéristique, qui s'appelait autrefois Perrin-Gasselin. Ici nous rompons brutalement avec la physionomie bourgeoise, et nous nous trouvons tout à coup au milieu du dédale repoussant du Paris populaire.

Or, quand Paris se met à être laid, il tient à ne pas l'être à demi. Jamais décor de mélodrame, jamais peinture réaliste, moitié pinceau, moitié truelle, ne rendra l'aspect terrible de ces murailles rapprochées, hautes, méchamment noires, s'égrenant en poussière grasse, qui font penser au lieutenant-criminel, aux rencontre après minuit, au gourdin levé, à la poire d'angoisse, à tout ce qui est hideux et cruel.

Le Perrin-Gasselin comprenait, dans un espace très-resserré, la rue du Chevalier-du-Guet, dans laquelle se déversait la rue de la Vieille-Harangerie, la place du Chevalier-du-Guet et la rue Perrin-Gasselin.

Tout cela était tassé, fétide et sinueux.

On ne pouvait mieux loger le commandant de cet milice nocturne, dont les recrues, habillées de bleu, étaient appelées dans le peuple les *soldats de la vierge Marie*, sans doute en souvenir des soldats du pape. Voici les détails que donne Mercier sur le guet :

« Ce qu'il y a de singulier, c'est que cette soldatesque, ce guet qui met le holà, est composé de savetiers qui, le lendemain, quand ils auront déposé leur fusil, seront arrêtés à leur tour s'ils font tapage après avoir vidé la pinte de plomb. Ainsi c'est le petit peuple qui agit sur le petit peuple. Quand on leur voit faire l'exercice, on rit involontairement, car toute la troupe est assurée d'une longue vie ; ils ne risquent que quelques taloches quand le délinquant est ivre et récalcitrant ; mais alors, serrant les menottes à celui qui a résisté, ils s'en vengent cruellement. Les coups de crosse qu'ils n'épargnent pas à la populace font plus de mal que le bâton des Chinois.

Autrefois la troupe qui représente le guet n'avait que des houssines, ce qui ne blessait pas comme le canon du fusil ou comme les cordes tranchantes qui coupent les mains. Ils appellent cela par dérision *ganter* un homme. Quelquefois ils passent les bornes de la sévérité, et cela devient révoltant. »

La maison du chevalier du guet, maison très-ancienne, située sur la place qui en a tiré son nom, est actuellement occupée par la mairie du 4ᵉ arrondissement.

Quoique parfaitement en harmonie avec le quartier, ou plutôt à cause de cela, ce local ne me paraît pas réaliser l'idéal d'une mairie au dix-neuvième siècle ; il est en désaccord absolu avec les idées modernes de confort et d'appropriation. Un antiquaire s'en accommoderait avec joie, mais un officier municipal est autre chose qu'un antiquaire ; il lui faut avant tout des planchers solides, et peu lui fait que la porte sous laquelle il passe date du roi Jean, si cette porte est trop basse ou menace ruine.

La rue Perrin-Gasselin n'était que la continuation de la rue du Chevalier-du-Guet ; c'était une ruelle atroce aboutissant à la rue Saint-Denis, et dont les maisons se touchaient presque par le faîte. On n'osait se demander où conduisaient ces allées noirâtres, où montaient ces escaliers, que de grosses araignées tapissaient de leurs toiles larges et lourdes comme des draperies; on frémissait en se représentant les appartements qu'enfermaient ces murs salpêtreux et la population qui vivait dans ces appartements.

La démolition du Perrin-Gasselin ne nous a révélé que la moitié de ces mystères; car la population est partie, emportant son mobilier; et c'est ce mobilier que nous aurions voulu surprendre, non point éparpillé sur le pavé ou entassé dans les charrette, mais à sa place et dans son jour souffrant, c'est-à-dire la glace au-dessus de la cheminée, — cette affreuse glace au rabais où l'on se voit trop long ou trop large, le lit fléchissant ou disloqué, la grande armoire que l'on entend se plaindre la nuit ; la miniature d'un oncle ou d'une tante dans un petit cadre rond ; peut-être un vieux fauteuil dont le crin s'en va par bouffées ; des rideaux de mousseline éraillée trop courts pour la fenêtre qu'ils veulent couvrir ; enfin toutes les tristesses navrantes de la pauvreté, tout ce qu'on est honteux d'avoir entrevu, le commencement de la spirale ténébreuse des douleurs humaines.

Le commencement ! — car il y a pire que la rue Perrin-Gasselin ; après l'atroce, il y a l'abject; il y a ce qui n'a pas de nom, pas d'architecture, pas de jour; il y a l'équivalent des corridor de l'ancien Bicêtre, l'égout à découvert circulant dans Paris.

Suivez-moi.

Dès qu'elle franchi la rue Saint-Denis, un peu avant les magasins de *Pigmalion*, la rue de Rivoli s'attaquait à une maison de maussade apparence, sous laquelle s'engouffrait une allée qui allait en s'étrécissant et en s'obscurcissant. On croyait que c'est une allée, c'était une rue. Mais quelle rue! Depuis cent ans, les municipalités s'étaient refusées à lui reconnaître ou à lui accorder un nom; s'y hasardait qui osait; il n'y avait place que pour un. De fenêtres, on n'en comptait pas trois, et encore étaient-elles à des hauteurs sinistres; je n'y ai vu qu'une seule porte.

Cette rue allait dans la rue de la Savonnerie, mais elle y allait comme un homme ivre, en décrivant une courbe. A cette extrémité seulement, ont apprenait par de vieilles lettres gravées sur le mur, à peine lisibles qu'elle s'appelait la rue d'Avignon. Un retour en équerre qu'elle accomplissait dans la rue de la

Haumerie portait le nom de rue Trognon. Rue Trognon et rue d'Avignon se valent : c'était l'infamie faite pierre; leur aspect donnait ce frisson que procure la vue des cabinets de chirurgie où sont reproduits les accidents des maladies les plus effroyables.

Tel était pourtant l'ancien Paris. Et l'on ose nous dire que nos aïeux étaient gens bien autrement constitués que nous, qu'ils avaient la taille haute et qu'ils vivaient une moyenne de cent ans; tandis que nous, misérables hères, nous passons pour une race dégénérée, rachitique. Si nous ne craignions pas de faire crier au parodoxe, nous entreprendrions de soutenir la thèse contraire; car enfin, un homme d'aujourd'hui n'entrerait pas sans se courber dans ces bouges primitifs Et aussi, lorsqu'on nous parle de la gaîté du peuple parisien, de son caractère frivole et badin, nous avons toutes les peines du monde à détourner notre pensée des rues d'Avignon et Trognon, dont les bâtimens chagrins appelle le vice et l'abrutissement.

Je sais bien qu'au bout de cette même rue d'Avignon, dans la rue de la Savonnerie que nous avons nommée tout à l'heure, je sais bien que la nuit venue,

il se faisait un bruit de verres choqués et
de violons râclés, en présence desquels
un passant pouvait se dire: On s'amuse
ici. Mais ne croyez pas à ce plaisir. Les
hommes et les femmes qui se réunissaient
là, comme dans l'endroit le plus laid du
quartier, entre la rue de la vieille-Mon-
naie et à deux pas du cul-de-sac du Chat-
Blanc, étaient loin d'avoir ces figures
joyeuses que l'on aime tant à rencontrer
sur le seuil des cabarets. Ils étaient mor-
nes, brusques, fatigués. Leurs chansons,
ce n'était que du tapage; ils ne se rendaient pas compte de ce qu'ils buvaient;
un rien suffisait à les mettre en courroux
un autre rien les exaspérait et changeant

souvent une discussion en rixe sanglante, pendant que dans l'arrière-magasin le violon continuait à faire sauter deux ou trois groupes de commissionnaires.

Cela ne comporte rien de surprenant. La tenacité des mœurs basses s'explique en partie par l'inamovibilité des quartiers insalubres et sinistres. Le laid appelle le mal. Le cabaret aux rideaux rouges provoque l'ivresse mal commode et bourrelée. Allez sur les coteaux ensoleillés de Suresne un jour de dimanche ou de lundi, vous y trouverez deux mille ivrognes buvant en paix et en joie, pendant que quatre individus à demi-grisse prendront aux cheveux dans la rue de la Savonnerie !

Elle a donc bien fait la voie nouvelle, de raser toutes ces impuretés et toutes ces laideurs. Elle arrive ainsi, au milieu des débris qu'elle entasse, jusqu'au carrefour des Écrivains et de là au cloître Saint-Jacques, qui n'est plus, au moment où nous parlons, qu'un souvenir. On y voyait l'inscription que les révolutionnaires d'autrefois avaient, selon leur habitude, réduite à sa plus simple expression; sur les trois mots : — Cloître Saint-Jacques, — ils avaient commencé par gratter *cloître*, puis ils avaient gratté *saint*, de façon qu'il ne restait plus que Jacques. Le Cloître-Saint-Jacques, occupé par des fripiers et de petits artisans, avait deux entrées sur la rue des Ecrivains; en outre un passage communiquait à la rue des Arcis, vis à vis le magasin des *Armes de Pologne*.

La tour Saint-Jacques-la-Boucherie se trouvant tout naturellement en ligne sur le côté de la rue de Rivoli qui longe la Seine repose le regard uniformément fatigué. On frémit en songeant que cet édifice ne doit sa conservation qu'au hasard, et que c'en était fait de lui s'il se fût trouvé de deux ou trois pas de plus en saillie sur le trottoir.

7

Par lui, la pensée se rapproche d'un écrivain de qui les siècles, en s'éloignant ont fait une figure singulièrement mystérieuse, marquée du sceau de la simplicité et de l'illuminisme, humble bourgeois couronné d'or, que l'opinion publique s'obstine à saluer comme le roi de l'alchimie. La légende de Nicolas Flamel a encore aujourd'hui toute sa force; elle est inséparable du souvenir de Saint-Jacques-la-Boucherie; elle imprime à ce quartier une physionomie d'autant plus particulière que les haillons et les mesures dont il était couvert contrastaient d'une façon énergique avec les brillans reflets de la tradition.

J'avoue que, malgré mon peu de propension vers le merveilleux, je suis de ceux qui attribuent la grande fortune de Nicolas Flamel à tout autre source que le salaire des écritures à la main, bien que, dit-on, son habileté dans cette partie fût extrême. Mais en admettant des bénéfices exagérés, en supposant qu'il eût des élèves et qu'il prît chez lui des pensionnaires, cela ne justifie pas ses pieuses prodigalités. Il ne possédait rien de son chef; à son arrivée à Paris, il avait acquis deux petites échoppes adossées aux murs de l'église Saint-Jacques, et n'ayant ensemble que cinq pieds de long sur deux de large. Quelques années plus tard, son commerce ayant prospéré, il acheta des terrains dans la rue des Ecrivains et fit bâtir deux maisons, et dont une au coin de la rue Marivaux, et l'autre du côté de la rue des Arcis; ce fut dans la première qu'il vint habiter, après lui avoir donné pour enseigne une fleur de lis.

Jusque-là, cette existence n'a rien qui étonne; on peut n'y voir qu'un homme actif, économe et favorisé. Mais du moment que Nicolas Flamel s'installe à la

Fleur-de-Lis, tout change, tout revêt autour de lui une splendeur nouvelle.

Il ajoute un portail à Saint-Jacques, il fait bâtir une partie de Sainte Geneviève-des-Ardens et tout un bout du charnier des Saints-Innocens.

En chacun de ces endroits, il place sa figure et celle de sa femme, à genoux, toujours à genoux, avec un luxe d'inscriptions et de symboles chrétiens où l'orgueil se mélange singulièrement avec le repentir, et qui témoignent d'une ame fort troublée.

Son logis devient l'asile des communautés ruinées, des veuves et des orphelins; lui-même se fait initier dans neuf confréries; il semble que, par là, il poursuive une idée d'expiation, et qu'il veuille se faire pardonner sa foudroyante découverte impie, arrachée à des manuscrits juifs.

En même temps qu'il prête de l'argent au roi, il fait faire et garde chez lui la pierre qu'il veut que l'on place sur sa tombe; pierre où est représenté un cadavre à demi consommé, au-dessous duquel on lit:

« De terre suis venu, et en terre retournn. »

N'est-ce point la conduite d'un Prométhée bourgeois que son secret épouvante ?

# CHAPITRE QUATRIÈME.

## IV.

### Sur les toits (*Suite*).

Nicolas Flamel n'est pas le premier à qui son trésor ait brûlé les yeux et les mains. Il y a des découvertes qui tuent comme des décharges d'électricité; il y en a d'autres qui rendent stupides ou fous.

Toute vérité a son buisson ardent qui fait tomber à genoux les Moïse éblouis. Est-ce que vous prenez au pied de la lettre l'abîme de Pascal?

C'est le sort de l'homme d'être écrasé par son propre ouvrage.

*Il sera Dieu!*

Dit le statuaire en présence de son bloc de marbre; et, une fois le bloc de marbre devenu dieu, voici que le statuaire tremble et demande grâce à l'œuvre de ses mains.

Ainsi est-il sans doute arrivé pour Flamel. Après avoir employé la première moitié de sa vie à rechercher le mystère de la transformation des métaux, il a employé la dernière moitié à refaire l'ombre autour de la révélation.

Il a refermé assez à temps cette autre boîte de Pandore que, par un miracle de la science ou du hazard, il lui avait été donné d'entr'ouvrir.

Son testament, qu'il rédigea quatre

mois avant sa mort, — ou avant sa disparition, — est un curieux monument de naïveté, de bon sens, de sainte frayeur et d'ostentation.

Il s'y préoccupe avec la plus grande minutie des soins de son enterrement. Il lègue cent sols parisis pour faire dire cinquante basses messes de *Requiem*. « *Item*, pour sonner *notablement* les cloches en l'église Saint-Jacques-la-Boucherie, trente-deux sols parisis.

*Item*, à ses voisins qui feront compagnie au service, pour *aller boire ou dîner comme bon leur semblera, ou prier pour lui,* quatre livres parisis. »

A côté de cela, il y a des articles de charité bien entendue, tel que celui qui ordonne d'acheter trois cents aunes de bon drap brun, pour être données à cent pauvres ménages laboureurs de La Vilette, d'Issy, de Rueil et de Nanterre, avec cette condition qu'ils seront tenus de s'en faire immédiatement cottes, chaperons et chausses, « pour les porter et user tant comme ils pourront durer, sans les vendre, ni convertir ailleurs, sur peine de restituer la valeur du drap. »

Les écoliers, les pauvres clercs, les religieux des quatre ordres mendiants ne sont point oubliés dans le testament de Nicolas Flamel : deux cents aunes de drap bleu brun, d'un prix double de celui des laboureurs, sont destinées à leur faire des houppelandes.

Ses autres fondations s'étendent aux Quinze-Vingts, aux neuf confréries dont il était membre, aux œuvres de Saint-Jacques-la-Boucherie, de Saint-Jacques-du-Haut-Pas, de quelques autres encore.

En dernier lieu, il lègue à chacun des marguilliers de sa paroisse, en souvenir d'amitié, un gobelet ou hanap d'argent, du poids d'un marc.

On voit que le philosophe hermétique avait pris le bon moyen pour n'être pas brûlé.

Bien des personnes, parmi les plus puissantes du royaume, espéraient que, tôt ou tard, il leur transmettrait sa découverte, ou, du moins, les millions en provenant. Elles durent regretter de n'avoir pas, de son vivant, employé la torture pour lui délier la langue ou la bourse.

Désabusées par la mort et le testament de Nicolas Flamel, leur espoir se tourna d'un autre côté. Elles s'imaginèrent qu'il avait enfoui ses richesses immenses dans une de ses maisons de la rue des Écrivains, soit celle de la Fleur-de-Lys, soit celle de l'image Saint-Nicolas, mais plus particulièrement dans la première.

Cette opinion s'ancra tellement dans l'esprit public, et finit par acquérir une telle force de tradition, que, vers la fin du seizième siècle, le procureur du roi au Châtelet, cédant à des instigations secrètes, fit saisir ces deux maisons, dont le revenu servait à l'acquit des fondations de Flamel, et que l'on voulait regarder comme hôpitaux. Mais la fabrique s'agita si bien et cria tant au sacrilége, qu'elle obtint main-levée de cette saisie arbitraire.

Il est néanmoins à peu près certain que, vers cette époque, des fouilles furent pratiquées dans la maison de la Fleur-de-Lys, et qu'elles n'amenèrent aucun résultat connu.

Les adeptes sont difficiles à décourager. Il n'y a pas encore cent ans qu'un particulier se présenta à la fabrique, sous un nom et des qualités empruntés sans doute. Il raconta qu'un de ses amis, dont le vœu était de garder l'anonyme, l'avait chargé, au moment de mourir, d'une somme très-importante, consacrée à la restauration des maisons caduques appartenant à l'église Saint-Jacques.

La fabrique n'avait pas de motif pour refuser; elle en avait, au contraire, beaucoup pour accepter.

Pouvait-elle supposer qu'après plus de trois cents ans, il se trouvât encore des imaginations appâtées par les soi-disant millions de Nicolas Flamel ?

Naturellement, le scrupuleux exécuteur testamentaire commença son œuvre par la maison de la Fleur-de-Lys.

On le laissa faire, tout en usant des précautions nécessaires en pareil cas ; puis comme, au bout de quelques jours, on s'aperçut qu'il remplissait fidèlement le devis, on se relâcha d'une surveillance qui pouvait lui paraître injurieuse.

Alors, détournant les travaux, il fit creuser le terrain en sa présence, et enlever avec le pic une grande quantité de moellons.

Les résultats furent nuls.

Vivement désappointé, le riche particulier porta son attention sur un pilier chargé, non pas, comme on l'a dit, d'hiéroglyphes capricieux, mais de saintes inscriptions et de pierres gravées. Nicolas Flamel y était représenté en compagnie de saints personnages. Au-dessous d'une corniche se lisait cette étrange inscription :

*Chacun soit content de ses biens.*

— Parbleu ! l'alchimiste nous la baille

belle, et je le trouve bien venu à avertir les autres de se contenter de peu !

Ces pierres, le respectable curé de la paroisse avait soigneusement recommandé qu'on les laissât en place. Il n'en fallut pas davantage pour exciter la cupidité du démolisseur, qui se dit :

— Le trésor est là !

En conséquence, par une nuit bien sombre, il s'attaqua résolument au pilier et en détacha les pierres, que l'on retrouva le lendemain matin brisées en mille fragments.

Avait-il trouvé la clé du grand œuvre, ou son espoir déçu ne lui avait-il laissé que la rage et la honte?

C'est ce qu'il nous serait difficile de décider. Mais ce que l'on a deviné déjà, c'est que ni lui ni ses ouvriers ne reparurent.

L'autorité ordonna bien quelques recherches, mais elles ne furent couronnées d'aucun succès.

La maison, ou plutôt l'*hôtel* de la Fleur-de-Lys, comme Flamel la nomme lui-même en son testament, cette maison était située à l'angle de la rue des Écrivains et de la rue du Grand-Marivaux, du côté de la rue de la Savonerie; les siècles et les réparations l'ont rendue méconnaissable.

Une récente nomenclature change la rue du Grand-Marivaux en rue Nicolas-Flamel; c'est justice. Par la même occasion, la rue du Petit-Marivaux est devenue la rue Pernelle, du nom de la pieuse et charitable épouse du philosophe hormétique.

Ces deux rues, où deux hommes ne tiendraient pas de front (la dernière n'est littéralement qu'un boyau), sont encore debout aujourd'hui, mais elles ne le seront plus demain; elles sont comprises dans le tracé d'expropriation, ainsi que le cul-de-sac des Étuves, la rue de la Lanterne et la rue Saint-Bon ou Bont: on n'a jamais su quel était ce saint.

Avant d'abandonner le rayon de Saint-Jacques-la-Boucherie, je voudrais dire quelques mots d'une épitaphe qui se lisait autrefois dans l'église, proche le chœur, et qui était celle d'un orfèvre, marguillier de la paroisse. Les vers accusent le tour précieux du seizième siècle; ils ont en outre ce côté naïvement hyperbolique que l'on retrouve sur tant de mausolées bourgeois. N'oublions pas qu'il s'agit d'un orfèvre.

> Jean Marcès a gardé, marguillier très-fidèle,
> Ce que le temporel de ce temple eut de bien ;
> Le même temple aussi, d'amitié mutuelle,
> Garde sous ce tombeau ce qu'il eut de terrien.
> Vivant, il enchâssa le rubis indien
> Dedans l'or émaillé par main industrieuse ;
> Or, mourir vertueux à tous est le moyen
> D'enchâsser dans le ciel son âme précieuse.

De la rue des Arcis, aujourd'hui Saint-Martin, — jusqu'à l'Hôtel-de-Ville et au delà, rien ne gêne plus la vue, qui embrasse un espace laissé par cinquante rues environ. Sur la droite apparaît la rue de la Tacherie, habitée autrefois par des taillandiers et des tondeurs. Sur la gauche se présentent, amputées, les rues Saint-Bon, de la Poterie, du Coq, des Deux-Portes, des Mauvais-Garçons et des Coquilles. Elles sont toutes rangées au bord de la nouvelle et glorieuse rue, de la rue de Rivoli, qui passe, se substituant à la rue des Écrivains et à la rue de la Tixeranderie, rasant l'Hôtel-de-Ville, et ne s'arrêtant que sur l'emplacement immense formé par la réunion du Marché-Saint-Jean à la rue Baudoyer, emplacement occupé par la caserne Napoléon.

Notre topographie étant ainsi close, et notre regard se trouvant forcément borné, revenons paisiblement sur nos pas.

Une partie de la rue des Ecrivains, celle qui est entre la rue Saint-Martin et a rue Saint-Bon, s'appelait autrefois la rue Jean-Pain-Mollet : elle avait rang parmi les rues dérisoirement célèbres, telles que la rue Vide Gousset, la rue du Chat-qui-Pêche, la rue Trousse-Vache. Les vaudevillistes ne manquaient jamais cette plaisanterie de loger un boulanger rue Jean-Pain-Mollet.

Jean-Pain-Mollet était un bourgeois de Paris, comme Hennequin Fleur-de-Rose, Johan Qui-va-là et Guiart Belle-Bouche.

Un autre bourgeois de Paris, c'était Scarron, le burlesque mari d'une si grave personne. Il demeurait au second étage d'une maison de la rue de la Tixeranderie ; lui et sa femme n'avaient pour tout logement que deux petites pièces ; mais dans ces deux petites pièces venaient fréquemment Mignard, Poussin, et même la folle Ninon de Lenclos. La table était courte, mais on se serrait de bonne grâce, et vous savez comme l'on se moquait du rôti, lorsque madame Scarron se prenait à conter, de sa voix la plus douce, de son regard le plus éloquent et de son esprit le plus délicat, quelqu'un de ces jolis contes qu'elle contait si bien ! Ainsi préludait à régner dans la rue de la Tixeranderie, celle qui devait un jour faire dire à Louis XIV, vieux et dévot : « L'État, c'est elle ! »

Dans ce quartier, les souvenirs se pressent ; ils s'accumulent à mesure que nous approchons de la place de Grève ; souvenirs de toute sorte, souvenirs criminels et sanglants, histoire odieuse et histoire sublime. En tout autre moment et en toute autre occasion, quel chapitre n'aurions-nous pas à écrire en face de ce magnifique monument qui s'est tour à tour appelé la Maison-aux-Dauphins, l'Hôtel-de-Ville et la Maison commune, et à qui tant de noms nouveaux sont peut-être destinés! Mais le temps n'est point à la passion, et nous n'écrirons point ce chapitre. Le temps est à la rue de Rivoli, qui est une fort belle rue, et par où l'histoire aura tout loisir de s'épandre largement, — non plus comme un torrent alors, — mais comme un fleuve entre deux rives sereines.

La maison qui subsistait à l'angle de la rue des Coquilles datait de la fin du quinzième siècle; elle prit le nom d'hôtel des Coquilles, à raison des ornements dont l'architecte a surchargé la porte et les fenêtres; à son tour la rue qu'on appelait ruelle Gentien fit comme l'hôtel et se baptisa rue des Coquilles. A la bonne heure! de telles origines ne donnent point tablature aux étymogolistes.

Il n'en est pas de même malheureusement pour l'ex-rue du Pet-au-Diable, qui de la rue de la Tixeranderie allait au marché Saint-Jean, et dont le nom baroque a tant mis à la torture l'imagination des historiens. François Villon, dans son testament, parle d'un roman qui portait le même titre.

> je lui donne ma librairie
> Et le roman de *Pet-au-Diable.*

En tous les cas, là où tant d'autres ont perdu leur latin, nous n'irons pas exposer notre français. Explique qui pourra ce nom plus qu'original, mais j'ai grand'peur que la rue du Pet-au-Diable ne demeure, maintenant plus que jamais, une énigme pour les Sauval à venir. De ces petites rues misérables, on en a abattu tout un dédale, tout un réseau;

on a dégagé l'entrée de la rue Saint-Antoine et isolé l'église Saint-Gervais, de laquelle Voltaire, qui a demeuré quelque temps rue du Monceau-Saint-Gervais, disait : « Il n'y manque qu'une place et des admirateurs. »

Depuis très-longtemps déjà les démolitions se poursuivaient derrière l'Hôtel-de-Ville ; elles avaient commencé par cette laide et dangereuse arcade Saint-Jean, qui, minuit passé, était, malgré le redoutable voisinage de la Grève, le rendez-vous d'un grand nombre de coupeurs de bourse. Peu à peu on avait fait disparaître la rue de la Levrette, la rue du Martroi, la rue du Mouton et la rue du Tourniquet, où Balzac a placé le début de ses actions les plus navrantes et les plus vraies, la *Femme vertueuse*. « La rue du Tourniquet serpentait, dit-il, le long des petits jardins de la préfecture et venait aboutir dans la rue du Martroi, à l'angle d'un vieux mur. C'était là qu'était situé le tourniquet auquel cette rue a dû son nom. Il ne fut guère détruit qu'en 1823, lorsque la ville de Paris fit construire, sur l'emplacement d'un jardin situé en cet endroit, une salle de bal pour la fête donnée au duc d'Angoulême à son retour d'Espagne. L'entrée de la rue du Tourniquet Saint-Jean par la rue de la Tixanderie n'offrait pas cinq pieds de largeur, et c'était cependant la partie la moins étroite de la chaussée.

« Lorsqu'un brillant soleil d'été dardait en plein midi ses rayons, une nappe d'or aussi tranchante que la lame d'un sabre venait, pendant une heure au plus, illuminer les ténèbres de cette rue, mais sans pouvoir sécher l'humidité permanente qui régnait dans les rez-de-chaussées et aux premiers étages de ces maisons noires et silencieuses. Souvent, au mois de juin, les habitants de ces espèces de tombeaux n'allumaient leurs lampes qu'à cinq heures du soir, mais en hiver, ils ne les éteignaient jamais. »

Il parle aussi de deux gros anneaux de fer scellés dans le mur, dernier reste de ces chaînes que le quartenier faisait tendre jadis, tous les soirs, pour la sûreté publique.

Il ne faut point regretter ces tanières. Et s'il est vrai qu'un âge se reflète dans ses monuments, la future rue de Rivoli nous met en droit d'espérer un avenir splendide, tout battant neuf et régulier. Paris n'aura plus rien à envier à New-York pour l'immensité de ses artères et leur uniformité, elles auront la beauté des colonnes d'addition. Mais, en attendant, xoilà Paris démoli; — et qui sait combien de temps s'écoulera avant que nous puissions ajouter à ce chapitre un autre chapitre intitulé : PARIS REBATI !

## CHAPITRE CINQUIÈME.

## VI.

Sur les toits (*Suite.*)

De longtemps on ne reverra une semblable période, qui, par sa nature transitoire, devait forcément se dérober à la peinture, et qu'ont, seules, consacrées de rares épreuves photographiques.

Un dicton veut que Paris soit l'enfer des chevaux et le paradis des femmes.

Par suite de ce mouvement extraordinaire, il convient d'ajouter que Paris est également le paradis des maçons.

Toutefois, ce n'était pas en ce moment l'opinion de René de Verdières, devenu maçon par nécessité.

Au bout d'une heure et demie, il s'arrêta, vaincu par la fatigue.

A force de détacher des solives et de culbuter des pans de murs, ses bras tout neufs pour un pareil exercice demandèrent merci; la sueur coulait de son front.

Bertholet ne le quittait pas du coin de l'œil. A l'inspection de ses mains blanches et fines, à sa réserve et à son embarras, il avait cru deviner le drame d'une aristocratie affamée.

C'est pourquoi, lorsque la cloche sonna l'heure du déjeûner, Bertholet n'hésita pas à frapper sur l'épaule de René de Verdières.

—Camarade, lui dit-il, accccepterez-vous sans façon un verre de vin?

— Mais...

—Allons, acceptez, et ne croyez pas que ce soit pour vous humilier que je vous fasse cette offre. C'est que je n'aime pas à boire seul, et que le vin m'écorche la dalle quand je n'ai personne avec qui trinquer.

—Ordinairement, répondit René, c'est au dernier venu qu'il appartient de faire cette proposition.

—Des cérémonies, des emblèmes? Eh bien! une autre fois ce sera votre tour. En attendant, suivez-moi au *Sacrifice d'Abraham.*

Le *Sacrifice d'Abraham* était l'enseigne du cabaret où Bertholet conduisit René de Verdières.

On y donnait à manger, comme chez presque tous les marchands de vin, dans une arrière-boutique où le jour n'arrivait que tamisé par des rideaux d'un rouge sang-de-bœuf.

Ils s'assirent à une table rendue spongieuse par les innombrables libations dont elle avait eu sa part.

Quant au verre de vin offert par Bertholet, il se transforma naturellement en un déjeûner, dont une entre-côte de veau et une omelette au lard firent les humbles frais.

Mais ce qui fut moins humble, par exemple, ce fut le nombre des setiers et demi-setiers demandés par Bertholet, malgré les vives oppositions du jeune homme.

—Voyez-vous, disait-il à René, rien

n'altère comme cette satanée poussière des démolitions. Et pour peu qu'on tienne à conserver la pureté de sa voix, il est indispensable de se rincer le tube de temps en temps.

A votre santé !

— Merci, monsieur.

— Il n'y a pas de *monsieur* ici ; il n'y a que des camarades, et des bons, encore ! Je vois bien que vous n'êtes pas à votre aise avec moi ; mais cela viendra quand nous aurons cassé le cou à trois ou quatre fioles.

—C'est inutile, dit René ; je vous assure que je vous suis déjà acquis de tout cœur.

— Alors, raison de plus pour boire.

Holà ! père Roussel, cria-t-il au cabaretier, encore une négresse !

Une négresse, c'est-à-dire une bouteille.

Pendant ce temps-là, Bertholet regardait René de Verdières avec cette persistante curiosité du peuple.

— Vous avez eu des malheurs, lui disait-il, cela se devine. Bah! il ne faut pas vous en cacher.

Est-ce que, moi qui vous parle, je ne suis pas aussi dégommé que vous?

Vous n'êtes pas le plus à plaindre. D'abord, vous êtes jeune; et la jeunesse, c'est tout. Et puis, vous n'avez pas une fille, comme moi.

— Ah! vous avez une fille?

— Je crois bien! dix-sept ans à l'Assomption; et cela travaille de tout cœur

Mais vous savez ce que rapporte le travail des femmes; la pauvre enfant gagne tout juste de quoi s'acheter des bottines.

Il faudra que vous la voyiez un de ces dimanches. C'est doux! c'est charmant! Quand elle ne rit pas, elle chante; quand elle ne chante pas, elle m'embrasse.

Je ne sais pas où elle a été chercher tous les beaux cheveux blonds qu'elle a. Et sa taille! et ses mains! Je m'émerveille rien qu'à les regarder.

Il oubliait de vider son verre en parlant de sa fille. René le remarqua, et se sentit plus sympathique pour cet homme, dont les premières railleries l'avaient désagréablement affecté.

— Toute ma crainte, reprit Bertholet c'est qu'elle ne soit destinée à coiffer sainte Catherine. Voilà mon chagrin.

La belle petite mériterait mieux, cependant; mais je n'ai rien su lui amasser, et je ne pense jamais sans trembler à l'avenir que lui laisserait ma mort.

— Votre mort? dit René; cette inquiétude ne me paraît pas justifiée.

— Je suis de votre avis; mais cela n'empêche pas que je n'aie quelquefois de ces idées malheureuses, le soir, au moment de me coucher, ou le matin, avant de venir tuer le ver chez le père Roussel.

Tuer le ver, c'est, pour les ouvriers, prendre un verre de vin blanc avant déjeûner.

Il y en a d'autres qui disent: *tuer un colimaçon.*

René essaya de détourner Bertholet de ses tristes appréhensions.

— Vous êtes bâti de façon à vivre quatre-vingts ans, lui dit-il.

— Quatre-vingts ans, c'est beaucoup, mais c'est possible tout de même. Le coffre est bon, dit Bertholet en frappant sur son estomac; la tête est caine... excepté les jours où j'ai mon petit coup de gaz.

— Un coup de gaz?

— Oui, quand je bois un litre de trop

quand je m'allume, ce qui arrive plus souvent que les tremblements de terre. Que voulez-vous! c'est indispensable à ma santé et à ma gaieté.

— A votre santé, donc! et à votre gaieté! dit Roné en choquant pour la première fois le verre du maçon.

— Bien dit... et bien bu! s'écria celui-ci en le regardant avec satisfaction. Allons! on fera qualque chose de vous. En attendant, si vous avez besoin de crédit avant la paie, vous pouvez venir au *Sacrifice d'Abraham*. Roussel est un de mes amis.

— Merci, balbutia René, confus et ému.

La cloche qui annonçait la reprise des travaux suspendit leur conversation.

Mais la connaissance était faite entre eux.

Ils retournèrent bras dessus, bras dessous, au chantier.

Qu'eût pensé René, s'il lui avait été permis d'apprendre en ce moment qu'il se trouvait avec le père de Claire?

Quelle n'eût pas été sa surprise en reconnaissant que le hasard lui donnait pour protecteur le père, après lui avoir envoyé pour ange sauveur, la fille?

Mais René se trouvait à mille lieues de ces suppositions.

A moitié chemin, ils furent accostés par une sorte de contre-maître qui dirigeait les démolitions. Il regarda Bertholet et lui dit:

— Vous devez savoir enlever une charpente, vous?

— Oui, répondit ce dernier.

— Alors, vous prendrez quelques hommes avec vous, et attaquerez cette grande maison.

Il désignait la maison du duc de Fontenay.

— Immédiatement? demanda Bertholet.

— Immédiatement.

— Soit, répondit le maçon.

Et il tendit la main à René, comme pour se séparer de lui.

Mais René ne bougea pas. Son visage trahissait une anxiété profonde.

— Est-ce que vous ne voulez pas de moi pour cet ouvrage? demanda-t-il d'une voix étranglée.

— Vous ne sauriez pas, répondit Bertholet.

— Pourquoi donc?

— Ah! c'est qu'une charpente ne se brise pas comme un plafond. Il faut des précautions... c'est bien plus dangereux.

—Qu'importe! dit René, vous m'enseignerez, comme vous l'avez fait déjà.

— Vous le voulez donc bien? dit Bertholet en le toisant d'un air goguenard qui avait déjà tant déplu à René.

— Je tiens à ne pas vous quitter.

—Au fait, c'est une maison sur laquelle vos yeux étaient toujours fixés.

— Je ne m'en souviens pas, dit René en frissonnant.

—Puisque c'est votre désir, allez m'y

attendre. Moi, je vais recruter trois ou quatre vétérans de mon espèce.

René de Verdières ne se fit pas répéter ces paroles; il se dirigea rapidement vers la maison désignée.

Cette fois, il était sûr de faire déguerpir le couple bizarre qu'il y avait rencontré la veille.

Mais, cette besogne accomplie, était-il également sûr d'arriver à temps pour s'emparer de l'héritage du duc de Fontenay?

La première condition était de se trouver seul dans la mansarde; et bientôt Bertholet allait l'y rejoindre avec ses ouvriers. Il ne fallait pas penser à se débarrasser d'eux.

A quel projet s'arrêter, dans ce cas?

Abattrait-on plus que la charpente aujourd'hui?

Entamerait-on la muraille?

Placé entre ces diverses conjectures, René ne pouvait que se recommander au hasard.

C'était ce qu'il faisait en marchand à grands pas au milieu des décombres de la rue du Musée.

Bertholet l'avait regardé s'éloigner, d'un air pensif.

—Il y a quelque chose là-dessous, murmura-t-il. Ce jeune homme n'a pas un caractère ouvert.

Il doit avoir quelque motif secret pour demander avec tant d'instance d'être employé dans la démolition de cette maison.

Après tout, qui sait? Peut-être a-t-il demeuré là-dedans; peut-être un souvenir de famille ou d'amour se rattache-t-il pour lui à ces murs.

J'ai eu tort de vouloir pénétrer ses desseins; il y a sans doute une grande douleur sous ce visage pâli et au fond de ces réponses embarrassées. J'ai manqué de délicatesse, comme toujours; et Claire me blâmerait certainement, si je lui racontais cela.

Après ces paroles, Bertholet resta quelques instants immobile à la même place, comme les gens qui n'ont pas l'habitude de la réflexion.

N'importe! ajouta-t-il, je le surveillerai.

# CHAPITRE SIXIÈME.

## VI.

Déménagement.

Voici cependant ce qui se passait chez le comte et la comtesse de Plougastel pendant que René de Verdières se dirigeait vers leur retraite, animé contre eux des intentions les plus hostiles.

Le comte de Plougastel brossait son chapeau de peluche bleu-de-roi.

Il apportait à cette opération le calme d'une conscience immaculée, sans se douter des coups que le sort lui préparait.

Ce n'était pas cependant que de légers nuages n'eussent traversé son cerveau, lorsqu'il avait aperçu par la fenêtre, en se réveillant, cet imposant appareil d'arcs-boutans et de pics, cette masse d'hommes distribués sur tous les points. Mais il avait compté sur le prestige dont il enveloppait l'invalide de garde, par son prétendu titre d'adjudicataire général des démolitions.

Tout à coup, le comte de Plougastel, ayant jeté un nouveau regard au dehors, remarqua un individu planté au milieu de la rue du Musée, et dont les yeux paraissaient fixés sur les fenêtres de son belvédère.

Il recula de quelques pas.

Il avait flairé un créancier.

Avec son infaillible sûreté de coup d'œil, le comte de Plougastel, retiré au fond de la chambre, observa pendant quelques minutes l'attitude et les mouvements de ce curieux; et tout le confirma dans son opinion.

Il n'avait jamais vu cette figure : mais cela ne prouvait rien, car un de ses tics particuliers était de se refuser énergiquement à reconnaître les personnes auxquelles il pouvait devoir de l'argent.

Cet examen fait, il poussa son cri d'alarme habituel.

—Colomba, vite, les berceaux! voici un tigre à attendrir.

Colomba obéit avec une promptitude qui attestait de fréquents exercices.

Elle alla quérir dans un cabinet deux petits berceaux en osier, et elle les plaça au milieu de la chambre.

—Bien! dit Magloire, ce sont les pièces d'artillerie.

— On monte l'escalier, murmura Colomba.

— Déjà !

Un pas lourd et indécis se fit entendre; bientôt on frappa à la porte.

Le comte de Plougastel empêcha Colomba de répondre.

— Jak ! s'écria-t-il, ouvrez, ouvrez donc ! Ah ! vous êtes occupé au salon ? Je me résigne à ouvrir moi-même.

Après ce court monologue, qui sauvegardait sa dignité, il alla au-devant de son visiteur.

C'était le bouquiniste Jorry.

Sa fille lui avait avoué l'escamotage dont elle avait été victime; et, sa facture en poche, il s'était mis à la recherche de l'audacieux acheteur d'eau de Cologne.

Mais, à l'aspect des démolitions de la rue du Musée, l'indignation de Jorry était parvenue au comble.

Pouvait-il ne pas croire à une fausse adresse? Pouvait-il, raisonnablement, imaginer que le représentant d'une maison importante s'obstinât à demeurer au milieu des gravois, des échelles et des grues?

Il se regardait donc déjà comme la dupe d'un intrigant; et il était résolu à ne pas pousser plus loin des investigations qu'il jugeait inutiles, lorsque, en levant les yeux au ciel comme pour le prendre à témoin de cet acte monstrueux, il aperçut à travers les fenêtres d'une mansarde ce fameux chapeau bleu-de-roi qui lui avait été signalé par Hortense.

Cinq minutes après, il était en présence de son débiteur.

Mais le mouvement de satisfaction qu'il venait de ressentir s'apaisa bientôt par l'inspection de cet intérieur dénudé.

Jorry crut alors s'être trompé d'étage, et ce fut d'un air effaré qu'il articula cette demande :

— Est-ce vous, monsieur, qui êtes le représentant de la maison Pomard, Isakoff et C°?

— De Constantinople; oui, monsieur.

Donnez-vous donc la peine de vous asseoir.

Cette invitation pouvait passer pour une impertinence, car il n'y avait aucun siége dans l'appartement. Mais Jorry ne parut pas y prendre garde.

— Vous m'excuserez de vous recevoir dans ce vestibule, continua le comte de Plougastel ; on frotte dans l'autre pièce. Jack ! dépêchez-vous.

— Monsieur, vous avez acheté des eaux de Cologne à ma fille.

— A votre fille? répéta le comte, en cherchant.

— Avant-hier, ajouta Jorry.

— C'est bien possible, j'en achète tant! Mais permettez-moi de m'informer du domicile de mademoiselle votre fille, car mes souvenirs me sont bien infidèles en cette occurence.

— Nous demeurons sur le quai des Grands-Augustins, monsieur.

— Fort bien. Mais, avant toute chose, asseyez-vous donc, je vous en prie.

—Encore? grommela le libraire, il n'y a seulement pas une chaise ici.

—Oh! dit Magloire en s'asseyant par terre avec calme, nous sommes de l'Orient.

—Vous moquez-vous de moi? s'écria Jorry qui devint rouge de colère.

—Pourquoi faire? demanda bonnement le comte de Plougastel; je suis satisfait de votre fourniture. Votre eau de Cologne est vraiment très-bonne! Peut-être l'essence de bergamotte y dominet-elle un peu trop; mais c'est un détail. En avez-vous beaucoup d'autre à me vendre?

— Voici la facture de la caisse que vous avez emportée; c'est trente-sept francs cinquante centimes.

— Est-ce acquitté?

— Oui, monsieur.

— Eh bien! déchirez l'acquit.

— Mais non! dit Jorry en se récriant.

— Comme vous voudrez, dit le comte de Plougastel.

— Veuillez payer, je vous prie; j'ai besoin d'argent.

— Permettez! je ne suis que le représentant de la maison Pomard, Isakoff et C°.

— Je le sais.

— C'est la maison Pomard, Isakoff et C° qui vous a acheté; c'est la maison Pomard, Isakoff et C° qui vous paiera.

— Monsieur !

— Que voulez-vous ! je n'ai pas reçu d'ordre de paiement. J'attends le courrier de Trieste, qui me l'apportera probablement d'ici ce soir. Pouvez-vous revenir entre six et sept heures ?

— Entre six et sept heures, votre taudis sera abattu, dit le libraire, s'animant.

— Ce n'est pas probable, objecta le comte, qui redoublait de politesse. Dans tous les cas, le siége de notre établissement est transféré place Vendôme, n° 8.

— A d'autres, monsieur! vous croyez parler à quelque niais.

— S'il vous plaît?

— Je dis qu'on ne se joue pas impunément d'un honnête homme, comme vous le faites.

Le comte de Plougastel se releva, et vint doucement poser sa main sur l'épaule de Jorry.

— Chut! lui dit-il.

—Quoi, chut? Prétendriez-vous m'imposer silence, peut-être?

—Chut! répéta le comte. Ne parlez pas si haut; respectez le sommeil de l'innocence.

Il montrait les deux berceaux.

—Je ne respecterai rien! s'écria le bouquiniste hors de lui.

—Quoi! pas même ces deux pauvres petites créatures endormies?

—Je veux être payé!

— Cœur de roche! Venez contempler leurs traits si doux; approchez, mais avec précaution...

Disant cela, il écarta les rideaux de l'un des berceaux, et montra à Jorry une tête rougeaude embobelinée dans des langes.

— Chers innocents, murmura le comte, puissiez-vous ignorer longtemps les déboires de cette vie, et conserver toujours votre précieuse insouciance!

— Encore une fois, monsieur, je......

— Ne bougez pas!

— Qu'est-ce? dit Jorry.

— En voilà un qui se réveille.

— Au diable!

— C'est le plus jeune. Pauvre petit amour, on le croirait échappé du pinceau de l'Albane!

— Monsieur, je vous ferai observer que je ne suis pas venu ici pour causer, non plus que pour m'attendrir.

Mais le comte ne l'écoutait point; il était livré tout entier aux béatitudes de l'amour paternel. La tête fourrée dans ses berceaux, il avait entrepris avec ses rejetons une de ces conversations élémentaires qui sont comme l'alphabet du sentiment.

—Allons, bégayait-il, faites une risette à papa! faites-là bien vite. Hou!

Jorry fut obligé de le tirer par la manche.

—Qu'est-ce qu'il y a? demanda le comte de Plougastel.

— Mon argent !

— C'est vrai, je l'avais oublié. Mais vous m'excuserez facilement, vous qui êtes père. Colomba, une plume et du papier. Je vais vous signer un bon.

— Pas de bon !

— A trois jours de vue?

— Non !

— Vois-tu, Colomba, comme l'habitude du négoce endurcit certains hommes. Celui-ci a pu envisager nos enfants d'un œil sec; maintenant, il me refuse avec âpreté un délai de trois jours. Regarde bien cet homme, Colomba; cet homme n'a pas d'entrailles!

— Trente-sept francs cinquante centimes! hurla Jorry.

— Et l'escompte?

— L'escompte soit; mais payez.

— J'ai envoyé chercher de la monnaie par mon commis; il est indispensable d'attendre son retour.

—Oh! s'écria Jorry, à bout d'espérance.

—Colomba! débouche un flacon de mon *Parfum des Almès*; notre hôte se trouve mal.

—Laissez-moi! dit le bouquiniste, je sais maintenant à quoi m'en tenir sur votre compte, et sur celui de votre femme.

—Hein?

Le comte de Plougastel n'entenda pas la plaisanterie au sujet de Colomba ;

il voulait qu'à son exemple, chacun l'environnât de respects.

Il regarda le libraire d'un œil terrible.

Celui-ci pâlit, se repentant déjà de sa hardiesse...

Et, vraisemblablement, nous croyons que le comte l'aurait forcé à présenter ses excuses à sa femme,—peut-être à ses deux enfants,—si dans ce moment même la porte ne se fût ouverte tout à coup sous la pression vigoureuse d'un ouvrier.

# CHAPITRE SEPTIÈME.

## VII.

**Déménagement** (*Suite*).

Cet ouvrier, était René.

— Vous ne pouvez pas demeurer plus longtemps ici ; nous venons démolir ! dit-il.

Tant mieux, cela donnera de l'air à notre appartement, répondit le comte de Plougastel, sans s'émouvoir.

Jorry avait laissé échapper une exclamation de surprise en reconnaissant René sous la poussière et le plâtre dont ses vêtements étaient recouverts.

De son côté, René avait aperçu Jorry; mais il ne se soucia pas de l'aborder dans ces circonstances.

Il détourna la tête.

— Adieu, monsieur, dit le bouquiniste

en s'adressant au comte de Plougastel; je vous retrouverai!

— Espérons-le!

— En attendant, je vais vous recommander au procureur de la République.

— Cela ne peut pas nuire.

Jorry gagna la porte, non sans avoir essayé de rencontrer le regard de René.

Mais celui-ci lui tournait obstinément le dos.

— L'orgueilleux! grommela le bouquiniste. Allons apprendre immédiatement cette nouvelle à ma fille; elle en sera dépitée, et ce sera bien fait ! Cela me consolera un peu de la sotte affaire qu'elle a conclue avec ces insolents funambules.

Dès que Jorry fut parti, le comte de Plougastel dit à René, qui suivait avec impatience tous ses mouvements :

— Est-il vrai qu'il faille quitter cette maison?

— A l'instant, monsieur, à l'instant!

— J'avais cependant ma correspondance à terminer. Quel embarras!

— Cinq hommes me suivent, et nos ordres sont précis.

— Allons! soupira Magloire, il faut en prendre son parti. Colomba, fais avancer les voitures de déménagement.

Colomba ouvrit les yeux sans répondre.

— Ou plutôt, reprit-il, chargeons-nous nous-mêmes des objets les plus précieux. D'abord, mon cuir à rasoir; il me vient de la reine d'Espagne.

— Je perds la tête, murmura Colomba.

— Toi, chère amie, dégonfle nos enfants.

Cette phrase faillit donner le vertige à René de Verdières.

Il vit avec stupeur Colomba sortir des berceaux les deux poupons en baudru che, et chasser d'un tour de main l'air dont ils étaient remplis.

Cette opération faite, elle les passa à Magloire, qui les plia en quatre et les mit dans son habit.

Le reste de leur bagage, y compris les peaux d'ours qui leur servaient de matelas, n'offrit guère un plus grand embarras.

Magloire se munit de ses flacons de *Parfum des Almés*, qu'il distribua soigneusement dans toutes ses poches. Il en avait dans les poches de son gilet, dans les poches de son pantalon. Cinq à six goulots apparaissaient braqués à chaque ouverture.

— N'oublions pas la marmite étrusque, dit-il à sa femme.

— Non, mon ami.

— Je porterai les berceaux jusqu'à notre voiture. As-tu emballé?

— Tout.

— A présent, dit-il en parodiant un

mot célèbre, emportons notre logement à la semelle de nos souliers !

Et, se tournant vers René :

— Si quelqu'un vient nous demander, monsieur, soyez assez bon pour envoyer place Vendôme, n° 8.

René répondit par un signe de tête.

Le comte de Plougastel sortit, en disant à la comtesse sa femme :

— Je ne suis pas fâché d'abandonner

ce logement, où nous ne pouvions décemment donner des soirées.

René resta seul.

Le moment tant souhaité par René de Verdières était donc arrivé enfin.

Il se trouvait seul dans la mansarde habitée autrefois par le duc de Fontenay.

Mais il était évident pour lui qu'il n'y resterait pas long-temps seul; et cette conviction faisait son désespoir.

A tout événement, il se hâta de mettre à profit les minutes que le hasard lui envoyait. Avec le manche de sa pioche, il frappa le mur entre les deux fenêtres, à l'endroit indiqué.

Aucun son n'annonça le vide.

René réitéra son expérience un peu plus haut et ensuite un plus bas; il frappa à droite, à gauche, partout.

Rien ne lui répondit.

Il s'arrêta.

— Oh ! pensa-t-il, est-ce que cet écrit ne serait qu'un mensonge destiné à troubler un malheureux? Ces plaintes si nobles, ces pressentimens empreints de tant de dignité, seraient-ils l'œuvre d'un ignoble mystificateur ? C'est impossible. Ce trésor est là, auprès de moi, j'en sens la chaleur; et je ne puis le découvrir !

Il grattait et déchirait la tapisserie.

Puis, d'autres réflexions traversèrent son cerveau.

— Le duc aura appliqué tous ses soins

à étouffer le moindre son dans cette muraille, à combler la moindre cavité; cela est certain. On n'enfouit pas sans les plus minutieuses précautions une somme aussi considérable. Même après avoir démoli le briquetage, je dois m'attendre à d'autres obstacles : sans cela, les six cent mille francs auraient été découverts vingt fois par l'effet d'un simple choc. Le duc était un vieillard; il a tout prévu. Et, moi, je suis un insensé de vouloir du premier coup mettre la main sur une fortune qu'il a pris tant de peine à cacher !

René s'essuya le front.

— Voyons! voyons comment faut-il que je procède? Le temps me manque pour démolir le mur. Surpris dans cette occupation, quel prétexe donnerais-je? Mon inexpérience suffirait-elle à détourner de moi les soupçons? Non, certainement. Ensuite, où cacher cette casette ? comment l'emporter? Six cent mille franc en or, c'est un fardeau. Oh ! s'ils allaient m'échapper !...

En parlant de la sorte, agenouillé entre les deux fenêtres, il appuyait ses mains frémissantes sur la muraille.

Un bruit se fit entendre derrière lui.

Bertholet, monté pour le rejoindre le regardait du seuil de la porte.

René se redressa vivement.

— Ici, des hommes! cria Bertholet.

Cinq maçons arrivèrent.

On commença à enlever pièce à pièce la charpente. Bertholet donnait des ordres sans toutefois perdre de vue René, au sujet de qui il semblait avoir une arrière-pensée. Celui-ci s'employait de son mieux, mais son inhabileté et sa préoccupation se trahissaient à chaque instant. Il n'entendait pas ou il entendait mal ; il n'était pas prompt à recevoir les planches qu'on lui tendait; il paraissait mal affermi sur ses jambes. Chaque coup de pince, chaque écroulement lui causait un bouleversement intérieur; on eût dit qu'en détruisant ce grenier, on détruisait en lui l'existence.

Aucune de ces émotions n'échappait à l'œil défiant de Bertholet.

En peu d'heures, la toiture disparut;

le jour plongea tout à l'aise dans ce taudis, et en illumina les plus petits recoins

Restaient les quatre murs.

Devant cette grande clarté, René se sentit chanceler.

Jusqu'alors il avait gardé quelque espérance; mais, en ce moment, il lui sembla que son secret lui échappait et que les yeux de tous ces hommes lisaient comme lui à travers la muraille!

— Qu'avez-vous? lui demanda soudain Bertholet en lui saisissant le bras.

— Rien... un peu de fatigue... balbutia René.

— Vous êtes plus pâle que le ciel; savez-vous ce qu'il y a à faire si vous ne vous trouvez réellement pas bien?

— Non.

— Eh bien ! il faut vous en aller.

— M'en aller ! dit le jeune homme en tressaillant.

— Sans doute.

— Non, fit-il d'une voix sourde ; cela se passe... cela est passé... je ne sens plus rien.

— C'est drôle pourtant comme vous avez les yeux égarés ! reprit Bertholet, se plaisant à redoubler sa gêne.

— C'est le vin de ce matin qui m'a

ra étourdi. Je vous ai dit que je n'avais pas l'habitude de boire.

— Ah! c'est vrai. Alors, attaquez-moi ce mur, et ne le ménagez pas.

Il désignait le mur opposé à la cachette du duc de Fontenay.

— En même temps, ajouta le maçon qui calculait l'effet de ses paroles, je m'en vais attaquer celui-ci, moi.

René se tut. Il craignait d'avoir été deviné.

## CHAPITRE HUITIÈME.

## VIII.

### Le trésor.

A la tournure que prenaient les travaux, René avait compris que le belvédère aurait cessé d'être debout avant la fin du jour.

Chaque effort de Bertholet et de ses hommes en accélérait la ruine.

Dans quelques heures, l'outil résonnerait sur un corps étranger, inattendu...

Le coffret serait découvert !

Qu'adviendrait-il alors ?

René voyait s'enfuir une à une ses radieuses chimères; il disait adieu à l'Eldorado qu'il s'était créé depuis la veille. Le spectre de la pauvreté se rapprochait de lui pour le revendiquer.

Un hasard se produisit sur ces entrefaites.

On demanda, d'en bas, plusieurs hommes pour aider à charger des matériaux sur les charrettes. Bertholet dut envoyer quatre des siens. Il demeura avec René et un autre ouvrier seulement.

Cela retardait un peu la démolition de la mansarde.

— Diable de mur! s'écriait de temps en temps Bertholet, d'un air narquois; il est plus dur que je ne l'aurais supposé; mais j'en viendrai à bout!

René faisait la sourde oréille.

Cependant il tournait vers lui la tête, par intervalles, pour constater avec anxiété les progrès de son travail. La majeure portion de ce côté du bâtiment était tombée sous les coups de Bertholet; mais l'espace compris entre les deux fenêtres était encore intact.

La partie n'était donc pas entièrement perdue!

D'autant plus que le jour déclinait, et que bientôt la cloche du chantier allait sonner le départ des ouvriers.

René se cramponna à ce nouvel espoir.

Mais ces alternatives l'épuisaient; il pouvait à peine se soutenir; ses cheveux étaient en désordre. Les fatigues physiques, jointes à la fatigue morale, le rendaient presque méconnaissable...

Enfin, sept heures sonnèrent.

Il était temps !

Tous les bras suspendirent leur mouvement à la fois; tous les marteaux tombèrent.

René, relevant la tête, aspira l'air qui lui sembla chargé des plus riches odeurs.

Il renaissait.

— Venez-vous, camarade ? lui dit Bertholet.

— Non, répondit résolument René en s'asseyant par terre; je tombe de fatigue, je désire me reposer un instant.

— Un *cinquième* vous remettra.

En style de cabaret, un *cinquième* est verre de vin.

— Je vous remercie, dit René; mais je préfère rester ici.

— Comme vous voudrez; n'y restez pas trop longtemps cependant, les réglemens s'y opposent.

— Soyez tranquille.

— A demain, donc! dit Bertholet d'un ton bizarre et en s'éloignant avec l'autre ouvrier.

— A demain.

René de Verdières retrouva toute son

agilité et toute sa force pour se redresser dès qu'ils furent partis.

Il courut à l'escalier et se pencha sur la rampe pour suivre le bruit de leurs pas. Il les entendit gagner la rue.

Néanmoins, il attendit encore.

Au bout d'un quart d'heure, un silence complet régnait dans le chantier désert.

Palpitant, il revint alors au mur entamé.

L'occasion était décisive.

Son marteau fit voler le plâtre et la brique. Il s'effraya d'abord des échos qu'il réveillait autour de lui; mais il n'y avait plus à hésiter, plus à reculer. Il continua. Après quelques coups, l'or sonna sous son instrument.

René contint son cœur, qui battait trop fort.

Un instant ensuite, la cachette entièrement démasquée laissa voir un coffre en bois de chêne.

Il fit sauter la serrure avec sa pioche, et un brasier de pièces d'or apparut. A cette vue, ce ne fut pas de la joie qu'éprouva René, mais un immense saisissement, voisin de l'épouvante. Pendant cinq minutes, il fut frappé d'un tremblement général, comme un épileptique; et et il faillit mourir. Pour ressaisir la vie, il essaya de proférer quelques sons; sa langue demeura clouée à son palais. Eveillé, les yeux démesurément ouverts, il ressentait les effets horribles du cauchemar.

Toutes les grandes émotions sont sœurs. René, venant de commettre un homicide, n'aurait pas été plus foudroyé qu'en ce moment. C'est qu'on ne s'approprie pas impunément une dose trop forte de sensations, et qu'il en est de l'âme humaine comme de ses verres que fait éclater leur liqueur.

La prostration suivit et remplaça ce vertige.

Hébété, souriant, immobile, René s'abîma dans la comtemplation de ce trésor ouvert sous ses yeux.

Brillant spectacle, nous n'en disconvenons pas. De beaux louis en morceaux, tous à l'éffigie de Louis XVI; pêle-mêle harmonieux et imposant, flamme royale, rayons surgissant tout àcoup !

Il y avait là, en effet, de quoi troubler plus d'une cervelle, de quoi aveugler plus d'une conscience.

Lorsque René fut redevenu maître de lui, il étendit ses mains vers le coffre en s'écriant :

— A moi cette fortune!

— Non dit une voix derrière lui.

— Il se retourna avec terreur, et se vit en présence de Bertholet.

Pendant une minute, ils se regardèrent muets, haletans.

— C'est de l'or! nom d'un!... c'est de l'or! dit enfin le maçon.

— Vous... ici... put articuler René.

— Je vous dérange? oh! mille excuses, mon petit!

— Monsieur...

— Remettez-vous; votre santé m'inspirait de l'inquiétude, je suis remonté pour en avoir des nouvelles. Rien de plus. Je suis rassuré à présent. Et je m'en vais, tenez!

Disant cela, il poussa un gros rire, et s'accroupit auprès du jeune homme effrayé.

— Ah çà! nous avons donc déniché notre petit magot? on en trouve donc encore dans les vieux murs? Moi qui croyais qu'on ne récoltait plus de ce tubercule-là; je me trompais crânement.

Il se pencha sur le coffre.

— Voilà un joli miroir, je l'avoue, et presque tout neuf. Tiens ! cela m'embellit regardez, regardez donc, camarade !

Il força René, inerte, à s'incliner comme lui.

Le groupe de ces deux hommes, dans ce grenier ouvert par en haut, aux dernières lueurs du jour, était étrange.

— Oh ! reluisent-ils ! reluisent-ils ! tous ces petits pavés d'enfer ! continua Bertholet ; jamais je n'en ai tant vus à la fois il y en a de toutes les grandeurs. De l'or c'en est donc, cela ? j'en vois aujourd'hui tout mon saoul. Eh bien! c'est superbe, cela a l'air presque intelligent!

Il prit une pièce.

— Mais, sont-elles bonnes, au moins? ajouta-t-il par façon de raillerie; sont-elles en or vrai? Dites donc, camarade, si on vous avait volé? Ce ne serait pas rigolo, hein!

—Assez, murmura René.

— Et dire que vous vouliez faire des cachotteries à papa Bertholet! Ce n'est pas gentil, cela.

— Vous saviez donc...

Non; mais je me doutais. On a l'œil américain. Savez-vous tout de même que vous avez une fière chance pour un débutant. Comment! le premier jour de votre vie qu'on vous envoie à la démolition, vous mettez la main sur les radis! Excusez! on vous y enverra souvent. Je parie que vous avez été consulter une somnambule, et que c'est elle qui vous a indiqué le bon endroit.

— Par pitié!...

— Après cela, je peux me tromper;

ce sont peut-être vos économies que vous aviez placées là.

Et le maçon recommença ses rires.

Quelques minutes encore, ses regards s'arrêtèrent avec complaisance sur le coffre toujours béant; après quoi, il s'écria :

— Brrr... cela fait tourner la tête. Assez vu ! Relevons-nous.

René obéit machinalement.

Mais il s'aperçut, rien qu'à la manière dont Bertholet se releva, qu'il avait dû faire une nouvelle station au *Sacrifice d'Abraham*. Ses joues étaient empourprées, ses yeux brillaient.

René en conçut de vagues inquiétudes.

— Maintenant, parlons raison, dit Bertholet; qu'est-ce que c'est que cet or ?

Avant de répondre, René pesa ses paroles. Il ne lui restait évidemment qu'un moyen de salut: offrir une part à cet homme, afin d'en faire son complice

— C'est une fortune qui n'appartient à personne, dit-il; le hasard seul m'a mis sur sa trace.

— Vous saviez cependant à quelle place elle était cachée?

— Grâce à une correspondance qui n'existe plus, répondit René de Verdières.

— Et pour vous emparer de ce dépôt, vous vous êtes fait démolisseur?

— René se tut.

— Vous êtes un gaillard, dit Bertholet

—A présent que vous connaissez les faits, monsieur, quelles sont vos intentions demanda René.

—Elles sont simples, allez. Cet or est là depuis long-temps.

— Depuis plus de cinquante ans.

— Vous ne savez pas qui l'y a déposé.

— Non, dit René après une courte hésitation.

— C'est qu'il y a peut-être des pauvres qui l'ont attendu et qui l'attendent encore

— Après un demi-siècle.

— Pourquoi pas? dit Bertholet.

— Voyons, mon ami, arrivons au point essentiel; le jour baisse, il faut nous hâter Dites-moi vos prétentions.

Il attendit avec angoisse.

— Mes prétentions?... répéta le maçon étonné.

— Vous voulez partager avec moi? dit René; eh bien! partageons.

Halte-là ! s'écria Bertholet; comme; vous y allez, mon bonhomme ! l'amour des ronds vous détraque la boule.

— Comment ?

— Je ne partage pas, moi.

— Ah ! murmura René.

— Fi donc !

— Alors... cela veut dire... qu'ayant seul fait la trouvaille, j'ai seul le droit de la garder, n'est-ce pas?

—Oh doucement, mon chérubin; vous vous montez un peu trop le coup.

—Parce que l'on trouve quelque chose, ce n'est pas un motif pour dire: Cela est à moi.

— Vous me tourmentez à plaisir; expliquez-vous, je vous en prie, balbutia René.

—On dit que le vin porte conseil; j'en ai bu passablement aujourd'hui, et je ne m'en repens pas; je dois avoir des idées excellentes. Par conséquent, il me semble que ce serait faire un acte malhonnête que de diviser cette somme en deux parts et de nous l'approprier.

— Eh quoi...

— Au fond de notre conscience, il y aurait toujours une voix pour nous rappeler notre tort. Quant à moi, du moins je ne pourrais plus regarder en face les vrais riches, c'est-à-dire ceux qui se sont enrichis par la peine et par la sueur. Or je tiens à regarder tout le monde, mon camarade.

— Oh! fit René, dont les poings se serrèrent.

— Je ne vous parle pas de notre confusion, si la chose venait à se découvrir. Cela serait du propre.

— Mais cette découverte est impossible dit René.

— Rien n'est impossible en pareille matière; et, bien que vos jaunets soient fort séduisant, je ne veux leur sacrifier ni ma probité ni mon repos.

— Que voulez-vous donc faire? Une conclusion, au nom du ciel, une conclusion.

— Une conclusion, m'y voici. Il faut porter cela chez le commissaire de police.

— Chez le commissaire de police!

— Oui, reprit Bertholet; là-bas, rue Saint-Honoré, entre la rue du Vingt-Quatre-Février et la rue des Bons-Enfans, là où vous voyez une lanterne en verre rouge.

— Parlez-vous sérieusement?

— Oui.

—Six cent mille francs chez le commissaire de police !

—Ah il y a six cent mille francs; vous savez cela, vous?

René fit un signe de tête affirmatif.

—Raison de plus pour être honnête, dit le maçon.

Les regards de René étaient fixés sur lui avec stupeur.

—C'est à en devenir fou ! s'écria-t-il

tout à coup eu portant ses deux mains à son front.

— Ah çà ! vous êtes un peu étonnant, vous, dit Bertholet ; depuis quand l'honneur est-il donc une chose si extraordinaire ?

— L'honneur ! l'honneur ! mais que faisons-nous donc là de terrible contre l'honneur ? Le hasard nous offre la richesse ; le hasard n'est-il pas le détenteur de tous les biens ?

Où s'en ira ce trésor, si nous l'abandonnons ! à l'État sans doute ; la belle avance! une goutte d'eau pour lui; et pour nous, pour nous le bonheur!

— Vous parlez très-bien ; néanmoins, vous ne me ferez pas croire que je dormirais tranquille après ce beau partage. Conformons-nous à la loi, cela vaudra mieux ; nous n'aurons qu'un petit bénéfice, mais il sera bien gagné, et chacun dira de nous : « Ce sont de braves gens. »

— Un petit bénéfice ! s'écria René avec des larmes d'ironie; une récompense ! une aumône ! Comme à des cochers qui rapportent une montre où à des mendiants qui ont retrouvé un chien ! Trente francs, n'est-ce pas ? Lorsque auprès de nous est le luxe, la joie, la fin de nos souffrances !

— Taisez-vous, vous êtes une mauvaise nature.

— Bertholet, écoutez-moi. C'est peut-être votre antipathie contre les riches qui vous donne le dédain de la fortune.

Je comprends cela. Mais songez-y : l'emploi qu'on sait faire de l'argent suffit pour en justifier la possession. Tout est là.

Nous sommes des pauvres, et par conséquent des inutiles ; demain nous serons de bons riches, nous sèmerons le bien autour de nous.

Connaissant les douleurs des autres par les nôtres propres, nous saurons plus efficacement les adoucir. Il y aura avantage pour tout le monde, vous ne pouvez pas le nier.

Dans nos mains, cette somme, qui serait peut-être inféconde dans d'autres, deviendra une source de bénédictions.

— Non ! non ! s'écria Bertholet.

— Ne vous obstinez pas sans m'entendre. Cette circonstance en vaut la peine. On n'a de ces occasions-là qu'une fois dans sa vie. Réfléchissez bien, réfléchissez.

— C'est tout réfléchi. Il n'y a pas deux manières pour moi d'envisager une question, et une fois que ma conscience a parlé, je lui obéis. Ainsi donc, je ferai mon devoir.

— Oh ! cet homme ! cet homme !...

René s'arrachait les cheveux.

— Ma foi, j'avais meilleure opinion de vous, dit Bertholet après un silence. Vous m'aviez intéressé, et je me sentais prêt à devenir votre ami.

N'avez-vous donc pas tout le temps, à votre âge, de gagner une fortune courageusement et glorieusement, au lieu d'en soutirer une dans de vieux murs? Un jeune homme! c'est honteux.

Vos bras, votre instruction, votre ardeur, que comptez-vous donc en faire?

Ce brevet de paresse et de lâcheté que vous veniez chercher ici, je suis content que Dieu m'ait permis de me trouver en travers de votre passage pour vous l'arracher des mains!

— Vous êtes sévère, monsieur, répondit René; et l'on voit bien que vous ignorez tout ce que j'ai souffert avant de mettre le pied dans cette mansarde.

— Est-ce qu'il y a un passé à vingt-cinq ans? Le rôle des jeunes gens n'est pas de se souvenir et de regarder derrière eux.

— Eh bien! je vais tout vous avouer, répliqua René; je vais vous révéler le but secret de mes désirs.

J'aime une jeune fille, une ouvrière, misérable comme moi, et qui, tout le jour, demeure courbée sur son travail.

Une fois que j'avais faim, elle m'a fait l'aumône. Depuis lors j'ai juré d'acquitter cette dette sacrée en lui donnant mon nom.

Comprenez-vous le rêve que j'avais fait pour elle, d'un bien-être qu'elle n'a jamais osé concevoir? Comprenez-vous pourquoi je souhaite si frénétiquement cette fortune?

Bertholet hocha la tête.

— Cette jeune fille est vertueuse, et vous voulez lui offrir de l'argent mal acquis?

— Je veux la rendre heureuse en lui laissant ignorer la source de son bonheur.

— Heureuse! murmura Bertholet, qui devint tout à coup rêveur. J'ai une enfant, moi, ouvrière aussi, pauvre comme monsieur son père; mais...

— En effet, dit vivement René; vous m'en parliez ce matin, vous me disiez combien vous l'adoriez.

— C'est vrai.

— Vous ajoutiez que votre mort la laisserait sans ressources, sans pain peut-être...

— Oh! ne me faites pas penser à cela !

— Exposée aux plus infâmes séductions...

— Jamais! s'écria Bertholet, dont l'œil s'injecta de sang.

— Eh bien! continua René en le ramenant vers le coffre; là est l'honneur de votre fille, là est la certitude de son avenir.

Plus d'inquiétudes après avoir trempé vos mains là-dedans.

Quoi! vous prétendez aimer votre enfant, et, dans votre stoïcisme absurde, vous refusez de vous sacrifier pour elle!

Soyez coupable, mais qu'elle soit heureuse.

Votre sotte probité fera de sa vie une souffrance continuelle, un ennui, un découragement, une maladie de tous les jours ; sa jeunesse se fanera, son sourire s'éteindra : cette gaîté, qui est votre soleil, cette gaîté pâlira tout-à-coup ; elle sera remplacée par la résignation morne, par les larmes que l'on cache, par le sentiment d'une jeunesse sacrifiée, d'une vie sans horizon.

Tout cela par votre faute, par vous et pour vous!

Cette décomposition morale et physique sera la glorification égoïste de votre probité.

— Voulez-vous bien vous taire!

— Ayez les remords, mais épargnez-lui larmes.

Si Dieu ne vous pardonne pas, il vous comprendra du moins.

Oh! les mères valent mieux que vous

autres; les mères tueraient et pilleraient pour sauver une douleur aux fruits de leur entrailles; elles ne connaissent que le mot de tendresse, et vous ne connaissez que le mot d'honneur.

Orgueil ! orgueil !

Votre fille manquera du nécessaire, succombera à la peine; qu'importe ! vous aurez eu l'approbation d'un commissaire de police !

Bertholet écoutait ces paroles d'un air hagard.

Le nom de sa fille jeté dans la balance le faisait hésiter.

— Vous ne pouvez pas avoir raison répondit-il ; c'est impossible !

Votre langage est un artifice de plus, c'est encore une mauvaise action, la plus mauvaise de toutes ; laissez-moi !

— Là ! continuait René en lui montrant toujours l'or ; là !... jusqu'au tombeau, vous aurez les sourires et les caresses de votre fille ! vous lui donnerez la santé, vous l'habillerez comme une reine.

Bertholet, vous vous purifierez dans sa propre félicité.

Plus tard, vous ferez d'elle une mère de famille respectée et charmante.

Ah ! cette perspective, comment ne triompherait-elle pas de vos dernières irrésolutions!

Le trésor, Bertholet, le trésor !

Voyez comme, à cette heure, il semble appeler des maîtres hardis; comme il brille étrangement et éloquemment ; on dirait qu'il a peur de rentrer dans cette nuit qui s'avance et où un demi-siècle l'a tenu enfermé?

A nous cette proie éclatante!

Partageons ces louis inattendus, envoi mystérieux de la Providence.

Ensuite, j'oublierai jusqu'à votre nom; nous reviendrons inconnus l'un à l'autre; s'il le faut même, pour assurer votre tranquillité, je quitterai Paris.

Oh! mais regardez donc les éclairs qu'ils jettent!

René avait atteint le dernier degré de l'exaltation.

Il trépignait.

Comme lui, mais plus sombre, le maçon dardait ses yeux agrandis sur la cachette aux six cent mille francs.

— On dit vrai, la vue de l'or grise plus que du vin.

Et, s'écouant la tête, il se retourna vers René.

— Assez jasé ! lui dit-il, vos discours ne m'ébranleront pas.

Ma fille sera mon juge, ce soir ; je lui raconterai tout, et elle pronocera.

Je sais d'avance la réponse : elle me sautera au cou.

Après cela, si, en récompense d'un devoir rempli, le sort ne nous réserve à elle et à moi que désolation et souffrance, eh bien nous souffrirons.

Je crois en Dieu.

La dignité simple de ces mots ne permettait pas de réplique.

René ne put pas balbutier :

— Votre décision... est irrévocable?

— J'ai une tête de fonte.

— C'en est donc fait! dit le jeune homme en se laissant tomber assis sur une pierre : mon rêve est fini !

## CHAPITRE NEUVIÈME.

## IX.

Le trésor. (*Suite.*)

Il y eut quelques secondes de silence.

Déchu de sa splendeur d'un instant, il s'opéra alors dans ce jeune esprit un travail salutaire et qui fut suivi d'une prompte révolution.

René de Verdières eut honte de toutes ses faiblesses. Son égarement d'un jour lui apparut dans sa nudité cynique, et il en rougit.

Il alla à cet homme dont l'ascendant l'avait si noblement vaincu, et, lui serrant la main :

— Merci, dit-il, vous me rendez mon honnêteté. Je n'étais pas assez fort pour résister à une semblable tentation ; c'est le ciel qui vous a envoyé sur mes pas. Merci !

Il était sincère.

— A la bonne heure ! répliqua Bertholet, que ce retour charma ; où il y a encore du cœur, il y a de la ressource.

— Maintenant, que voulez-vous que je fasse ? je suis prêt à vous obéir, dit René.

— Nous ne devons pas penser à porter cette somme : d'abord c'est trop lourd, et puis ce n'est pas notre affaire. Descendez et allez chercher le commissaire : je vous ai indiqué l'endroit, il n'y a pas à se tromper.

— Et vous ? dit René.

— Moi, je reste ici à vous attendre, répondit Bertholet.

— Ah !

— Il faut bien que quelqu'un garde la monnaie.

— Vous avez raison ; mais...

— Mais quoi?

— C'est à peine si je peux marcher. Tant d'émotions....

Bartholet fronça le sourcil et ne répliqua point.

— Que n'y allez-vous vous-même? hasarda René.

— Merci ! je n'ai pas besoin de prendre le frais.

— Vous méfiez-vous de moi?

— Ecoutez donc! les antécédents ne sont pas en votre faveur.

— Je ne songe plus à cet or, dit René en secouant mélancoliquement la tête ; ce ne pouvait pas, ce ne devait pas à moi. J'aurai été riche pendant quelques minutes, et c'est tout. Reprends ton harnais de misère, pauvre cheval !

Bertholet avait réfléchi.

— Faisons mieux, proposa-t-il ; ne nous dérangeons ni l'un ni l'autre. Du toit voisin, on domine la place du Palais-Royal, et l'on peut aisément appeler quelqu'un, un commissionnaire.

— Du toit voisin, oui ; mais comment s'y rendre ?

— Ce n'est pas difficile, conscrit, vous allez voir : il n'y a besoin pour cela que d'une planche... celle-ci.

Et avec cette prodigieuse confiance des maçons et des couvreurs, Bertholet improvisa un pont au-dessus d'un abîme effrayant.

— Vous n'oseriez pas voyager là-dessus, vous ? dit-il.

— Malheureux ! s'écria René, vous vous exposez !

— Soyez tranquille, je suis assuré contre la casse.

René ferma les yeux, car la témérité de Bertholet l'épouvantait.

Tout à coup, il entendit un cri horrible !

Le madrier, appuyé sur des lattes trop faibles, avait tourné....

Bertholet était tombé sur le pavé de la rue, d'une hauteur de plus de cent pieds.

Chose étrange ! au cri lancé par le maçon dans sa chute, il sembla à René qu'un autre lui avait répondu sur le seuil de la mansarde.

Il se retourna, mais il ne vit personne.

Le quartier du Palais-Royal fut bientôt en émoi; on accourut dans la rue du Musée, où l'on ne releva qu'un cadavre.

Ce malheur fut attribué à l'imprudence de l'ouvrier.

Lorsque les hommes de la police montèrent dans le belvédère en démolition, théâtre de l'accident, ils ne virent ni René de Verdières ni le coffre aux pièces d'or.

Prévoyant leur arrivée, René avait amoncelé des pierres contre l'ouverture de la cachette ; ensuite, il avait été se tapir dans une soupente de l'étage inférieur. Ce fut de là qu'il apprit, par le tumulte des voix, la mort instantanée de Bertholet.

Il entendit même dicter le procès-verbal.

— Une heure après, la maison étant

redevenue muette et déserte, René revenait à son trésors, comme un chat à une proie forcément abandonnée,

Cette fois, la nuit la plus intense le protégeait.

— Allons, murmura-t-il, cette fortune est bien à moi ; le destin a prononcé. A moi seul ces six cents mille francs. Mais que ne m'ont-ils pas coûté déjà !

Ce n'était plus une joie fauve qu'il ressentait, comme au moment où il s'était trouvé seul après le départ des ouvriers. Une place venait de se faire dans son cœur pour le remords. Cause involontaire de l'affreuse fin de Berthôlet, il pressentait déjà que l'image de ce malheureux viendrait éternellement se placer entre lui et son opulence.

— Cet or est maudit! pensait-il.

René dérangea les pierres qui masquaient l'héritage du duc de Fontenay.

Mais ce fut là tout ce qu'il put faire.

Il ne fallait pas songer à remuer le coffre, et l'énorme masse d'or qu'il contenait ne pouvait être transportée qu'au moyen de plusieurs voyages. Encore quelles précautions minutieuses ne devait-il pas employer pour sortir et rentrer sans être vu, pour étouffer le bruit du métal dans ses poches, pour échapper à l'attention de son portier de la cour d'Aligre !

C'était presque à faire reculer.

Mais René ne recula pas.

Avec une sombre ardeur, il commença à plonger ses mains dans le coffre et à remplir ses vêtements de louis et de doubles louis. Il en mit dans son mouchoir, dans ses bas ; il en enveloppa dans des chiffons de papier.

A dix heures, lourd de cinquante mille francs, il descendait l'escalier, et quelques instants ensuite il disparaissait dans les détours du quartier du Carrousel, sans avoir été aperçu.

Le deuxième voyage lui coûta moins de peines. Il travailla sourdement à écarter deux planches de l'enceinte pour se frayer un passage facile.

Le portier de la cour d'Aligre ne parut pas surpris de le voir aller et venir ; peut-être même, tirant le cordon sans regarder, ne constata-t-il point son identité. Mais, passé minuit, René comprit qu'il en serait autrement. Il essaya de laisser la porte entrebâillée ; cela ne lui réussit pas une première fois ; il la trouva fermée au retour.

Il fut donc forcé de sonner.

Il était alors une heure du matin.

Le concierge ouvrit, en demandant avec une de ces voix dont Henri Monnier seul pourrait noter l'âpreté maussade :

— Qui est là ?

— René, répondit-il, comme d'habitude.

En même temps, il repoussa bruyamment la porte, comme s'il eût voulu la refermer ; mais auparavant il avait pris soin d'en contenir le pêne avec les doigts. La porte rendit un son retentissant, mais ramenée aussitôt par René, elle demeura à demi-ouverte. Un toussement qu'il affecta dissimula en outre le bruit du pêne rendu à la liberté.

Lorsqu'il s'agit de redescendre, il jugea nécessaire de quitter ses bottes et de les mettre sous le bras. Il s'arrêta longtemps auprès de la loge du concierge, de qui le sommeil lui parut inégal et léger. Heureusement qu'une voiture vint à passer au galop; René franchit la porte à la faveur de l'ébranlement général.

Bien que la police nocturne n'eût pas un aussi grand nombre de représentants qu'aujourd'hui, il varia cependant son itinéraire, afin d'éviter les chances qu'il pouvait avoir d'être remarqué.

À chaque voyage, il emportait, comme nous l'avons dit, une cinquantaine de mille francs, ce qui équivaut à vingt-sept ou vingt-huit livres environ. Ainsi chargé, on conçoit tout l'intérêt qu'il avait à ne faire aucune rencontre.

Il frémissait à l'idée d'être accosté par une patrouille ou compris dans une rixe. L'ombre trébuchante d'un ivrogne, entrevue sur un trottoir, lui causait une sensation d'effroi.

Ses préoccupations morales avaient momentanément dsiparu, tant il était absorbé dans l'accomplissement de sa difficile entreprise. Il n'y avait plus pour lui ni bien ni mal, il n'y avait que la réussite ou la non réussite. Le but s'était évanoui devant l'exécution.

Dans une de ces étapes pleines de dangers, une poche de son gilet se rompit, et plusieurs pièces roulèrent avec fracas sur les marches de l'escalier de la cour d'Aligre.

Il fut terrifié. C'était à la hauteur du troisième étage. René porta vivement les mains à son gilet, afin d'arrêter cette hémorrhagie d'or.

Au même instant, il entendit, sur le palier où il se trouvait un craquement de lit, suivi de vagues paroles, murmurées par un locataire subitement réveillé sans doute. René s'immobilisa. Au-dessous de lui, une porte s'entrouvrit, et quelqu'un prêta l'oreille dans l'obscurité.

Cinq minutes s'écoulèrent pour René dans une anxiété inexprimable.

Enfin, la porte se referma ; et un ronflement énergique annonça, peu de temps après, que ce locataire était rentré dans le libre exercice de son droit au sommeil.

René, soulagé d'une terreur si grande,

remonta à pas de loup dans son grenier...

Ce fut là l'épisode le plus saillant de cette nuit si féconde en angoisses,

Il ne lui fallut pas moins ne douze voyages pour transporter entièrement les six cent mille francs du duc de Fontenay. S'il y avait eu un million, il aurait dû y renoncer ; la nuit eut été trop courte.

Il fut d'ailleurs miraculeusement servi par l'opacité des ténèbres, par la solitude du Carrousel et surtout par la presque cécité et la surdité certainement absolue de l'invalide préposé à la garde des démolitions.

Au dernier trajet, René se sentit brisé de fatigue. Ses tempes battaient, ses yeux étaient cuisants. L'émoussement général de toutes ses facultés allait jusqu'à l'oubli des précautions les plus simples. Il soupirait bruyamment et n'avait presque plus souci du bruit de ses pas.

Il s'affaissa plutôt qu'il ne tomba sur sa maigre couchette.

L'aurore, en venant éclairer cette chambre, fut surprise d'y voir, sur le carreau, une montagne d'or mal découverte d'une serviette sale, — et, à côté, un jeune homme qui dormait convulsivement.

## CHAPITRE DIXIÈME.

## X.

### Le Père-Lachaise.

La grande ruine de Paris, c'est le Père-Lachaise. C'est le Paris mort à côté du Paris vivant.

On a beaucoup écrit sur cet admirable et pittoresque champ des morts ; tout a été dépeint par les écrivains sentimentals et par les faiseurs de statistiques. Et que de belles larmes d'encre pour faire suite aux belles larmes d'argent ! quelles belles épigraphes empruntées au Cimetière de Gray ! quelles éloquentes réflexions sur l'égalité devant le trépas !

Mais peut-être n'a-t-on pas parlé de la physionomie exceptionnelle et diverse qu'emprunte le Père-Lachaise les jours de dimanche.

Les ouvriers du faubourg Saint-Antoine et du Marais, ces machines à labeur, dont les ressorts s'ébranlent dès l'aurore du lundi pour ne s'arrêter que le samedi soir, arrivent, chargés de pots de fleurs et de petits instruments de jardinage.

De flamboyants carabiniers, le soleil sur la poitrine, vont, avec leurs payses, déposer la couronne traditionnelle aux angles du monument d'Héloïse et d'Abeillard : car, il faut bien le dire, l'amour se promène au cimetière, et la statue de Casimir Périer a maintes fois projeté son ombre sur des couples de vingt ans, effeuillant les marguerites poussées sur les fosses.

On lit à demi-voix, et sans arrière-pensée de raillerie, les inscriptions funéraires. On admire de bonne foi les concessions à perpétuité, faciles à reconnaitre par la richesse de leurs édifices.

A travers les rideaux de brocatelle ou les vitraux coloriés de ces chapelles élégantes, glissez un regard : les prie-Dieu y sont en ébène sculpté, les ornements en velours.

Ne blâmons pas ce culte splendide n'imitons pas ces juifs irrités contre Madeleine, parce qu'elle répandait un parfum de prix sur les pieds du Christ.

Mais c'est principalement vers la fosse commune que tout le monde s'achemine le dimanche.

La fosse commune ! le triste mot, et comme il sonne lugubrement ! — C'est là que vont s'engouffrer les douleurs et les misères. Livre sombre, si tu t'ouvrais, que nous dirais-tu ? Quel poème affreux sortirait de ton sein ? Tortures commencées dans les langes et finies dans le linceul ; désillusions arrosées de larmes sanglantes ; études poursuivies sans pain et sans espoir ; amours vendues, amours données ; vierges à la lèvre affamée ; enfants au sourire éperdu ! Si la trompette céleste vous éveillait à cette heure, vous tous qui sommeillez ensemble sur le même lit d'argile, quelle phalange sanglottante n'offririez-vous pas aux regards du Juge suprême, lorsqu'il vous redirait ces paroles : « Bienheureux ceux qui pleurent, car ils seront consolés ! »

Un chemin creux, macadamisé de cercueils, serrés les uns contre les autres, de manière à ne pas laisser la moindre place vide, voilà ce qu'est la fosse commune.

Châteaubriand a raconté dans ses *Mémoires* que Lucile, cette pâle et mélancolique amie de ses jours de vertige, n'avait pas eu d'autre asile que ce gouffre...

Les plus étranges spectacles se passent le dimanche, à la fosse commune.

Par exemple, suivez cet homme de haute taille qui porte une petite fille dans ses bras, et qui tient un panier mystérieusement couvert. Quel est-il? où va-t-il? Il se dirige vers la fosse commune, c'est un charbonnier.

Depuis trois mois, il a perdu sa femme,

une brave femme de la Savoie, travaillant bien et aimant bien ; depuis trois mois, les yeux du pauvre homme n'ont pas séché.

Il va dîner sur la tombe de sa femme.

Tous les dimanches régulièrement, il s'assied avec sa petite fille à côté de la croix ; il tire du panier quelques aliments qu'il étale sur le gazon comme sur une nappe ; ici le pain, là le verre. L'œil du charbonnier s'attendrit en mangeant, et des larmes noirâtres viennent gonfler ses paupières. C'est que, tout bas, il cause avec la morte, et qu'il cherche à ressaisir quelques parcelles du bonheur enfui ; il croit encore dîner avec elle, et, pour tout au monde, il ne manquerait pas un seul dimanche à ce repas de deuil et d'amour.

On dîne donc au Père-Lachaise, comme vous voyez : dîners naïfs, avec la mort pour convive ; dîners capables d'inspirer un autre Holbein. Le soleil est vif ; les cyprès, les sapins, les saules, les platanes s'agitent sous une brise coquette ; ils se balancent comme les arbres joyeux que l'on voit dans les vraies campagnes.

— Bons morts de la fosse commune,

soyez rechauffés, soyez consolés! vos proches sont au rendez-vous, et peut-être vous est-il permis d'entendre le bruit de leurs fourchettes au-dessus de votre front.

— A ta santé, ma chère femme ! s'écrie le charbonnier, en élevant son verre.

C'était vers la fosse commune que marchaient lentement, trois semaines après les événements que nous venons de raconter, un vieillard et une jeune fille.

La jeune fille était Claire Bertholet ;

elle était vêtue de noir et paraissait considérablement affaiblie.

Le vieillard était ce médecin qui a été désigné sous le sobriquet du docteur Quatre-Epingles, et dont le nom officiel était le docteur Anselme.

Comment s'étaient-ils rencontrés l'un et l'autre, eux qui s'étaient vus à peine? Il nous est facile de l'expliquer.

Le pharmacien chez qui Bertholet avait été immédiatement transporté avait envoyé chercher le docteur Anselme, en le priant de remplir auprès de la jeune orpheline la plus pénible des missions.

Malgré les précautions dont une longue expérience avait donné le secret au docteur, la nouvelle de cette catastrophe détermina chez Claire une maladie qui tint pendant plus de deux semaines ses jours en danger. Il en résulta entre elle et lui des visites quotidiennes, et une habitude de se voir qui tourna facilement en amitié.

Lorsqu'il la jugea entièrement rétablie, le docteur fut le premier à lui proposer un pélerinage à la tombe de son père, en s'offrant de l'y accompagner.

— Je n'osais vous demander ce nouveau service, répondit-elle avec reconnaissance.

Cette excursion à la fosse commune fut moins déchirante qu'il ne s'y attendait. La prière surmonta les larmes.

Sur cette terre encore fraiche et que décorait seulement la croix noire des pauvres, le docteur Anselme, attendri, prit la main de Claire :

— Placés tous les deux aux deux extrémités de la vie, notre malheur est le même, lui dit-il. Je suis sans famille, presque sans amis. N'est-il pas juste que deux êtres isolés et affligés se tendent la main à l'heure où ils se rencontrent? Vous avez les vertus que j'aime, permettez-moi de remplacer quelquefois auprès de vous le protecteur naturel que Dieu vous a retiré.

Un regard humide d'effusion fut la seule réponse de Claire.

Tous les deux s'en revinrent à pied par les boulevards; la journée était superbe, le soleil était charmant. C'était la première sortie de la jeune fille.

Le docteur Anselme la quitta sur le seuil de la maison où elle occupait un petit appartement.

Claire s'étant arrêtée un moment dans la loge de la concierge, deux enfants vinrent lui prendre les mains et se cramponner à sa robe. Elle les assis sur ses genoux, comme elle avait l'habitude de le faire.

Tout-à-coup l'un d'eux, l'aîné, la regarda avec curiosité et lui dit :

— Tu n'as donc pas encore payé ton terme, toi ?

— Pourquoi cela, mon petit ange ? demanda-t-elle en pâlissant.

— C'est que le vilain propriétaire est venu aujourd'hui, et qu'il a dit à maman des méchancetés à cause de toi.

La mère accourut pour imposer silence aux enfants, mais il était trop tard. Deux larmes coulaient sur les joues de Claire qui avait baissé la tête.

— Je vendrai le lit de mon père, murmura-t-elle, et je travaillerai trois heures de plus par nuit.

A son magasin, où elle se rendit immédiatement pour demander un surcroît d'ouvrage, on la reçut avec bonté, mais avec tristesse. Les marchandises ne s'écoulaient pas ; la *morte saison* se prolongeait ; on était décidé à suspendre la main-d'œuvre.

Au lieu d'une espérance, Claire rapporta un désespoir.

O douleur des douleurs ; la misère avec le deuil ; les dettes succèdent aux funérailles ; l'habit noir des huissiers après l'habit noir des porteurs de cercueil ! N'avoir pas même le temps de pleurer ses morts ; être obligée d'écarter leur mémoire palpitante pour chercher un logis et du pain !

Accablée, Claire appuyait son front sur la pierre de sa cheminée, lorsqu'un frôlement de satin se fit entendre à sa porte.

Un doigt ganté frappa deux petits coups.

Surprise, elle alla ouvrir.

Telle qu'on se représente la Providence, une dame richement atournée et au visage radieux apparut dans cet humble encadrement.

— Mon enfant, dit-elle sans laisser à Claire le temps de l'interroger, permettez-moi de m'asseoir, car je suis un peu essoufflée.

Son sourire était royalement spirituel.

Elle prit elle-même une chaise que la jeune fille, interdite, n'osait lui avancer, tant la paille en était ébouriffée et vieillie.

— Vous ne me connaissez pas, dit l'Apparition, en fixant sur Claire deux yeux brillants de bonté et de beauté, je suis une de vos amies.

— Madame...

— Ne soyez pas ainsi confuse, et surtout ne repoussez pas l'affection que je vous offre. Nous serions bien à plaindre si, parce que le hasard nous a placées dans une condition élevée, on se méfiait de nos sentiments.

— Oh ! madame.

Claire ne pouvait comprendre d'où lui venait ce sourire d'or.

— Donnez-moi la main, je vous en prie, dit l'inconnue.

— De grand cœur !

— Je sais qui vous êtes. Je sais l'affreux malheur qui vous a frappée récemment, et je ne viens point vous le rappeler. Orpheline, sage et peu riche, ces titres vous créent la sympathie de tous les honnêtes gens.

Claire secoua tristement la tête.

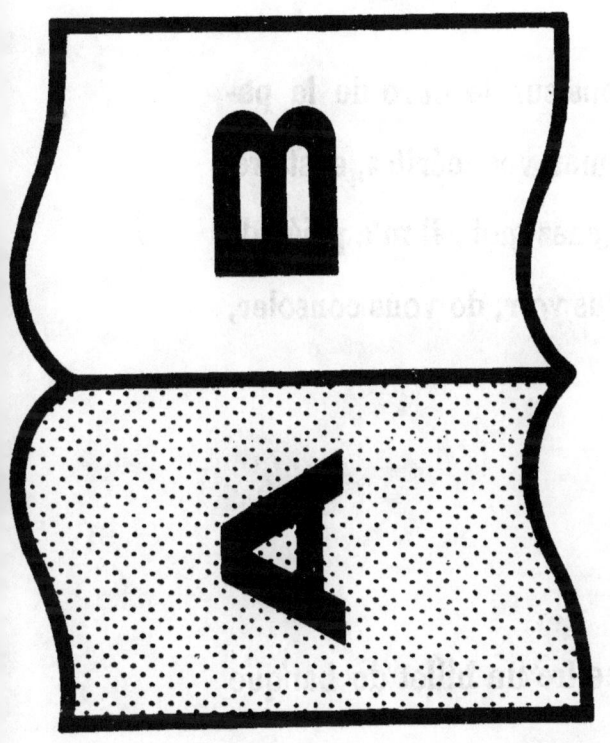

Contraste insuffisant
NF Z 43-120-14

— N'en doutez pas, ajouta vivement la belle visiteuse, car je vous en apporte la preuve.

— La preuve ? dit Claire étonnée et déjà inquiète.

— Oui ; monsieur le curé de la paroisse, qui connait vos mérites, s'est présenté ce matin chez moi ; il m'a priée de venir ici, de vous voir, de vous consoler, et...

— Et...?

De vous remettre un billet de banque

de mille francs qu'il a reçu par la poste, d'une personne anonyme, avec ces seuls mots : « Pour la famille de l'ouvrier tué, le 28 avril dans les démolitions de la rue du Musée. »

Un torrent de larmes jaillit subitement des yeux de la jeune fille.

A toutes ses souffrances venait s'en ajouter une, non moins cruelle que les autres et non moins inattendue.

On lui faisait l'aumône !

La grande dame comprit le motif de ces pleurs et garda le silence.

Mais cette première explosion calmée, elle essaya de combattre ce qu'elle considérait comme un excès de sensibilité.

— Chère enfant, lui dit-elle, votre scrupule ne me surprend pas ; il vous fait honneur, mais il est irréfléchi ; j'aurais dû le prévenir par les explications que je vais vous donner, Ecoutez-moi bien. M. le curé, auprès de qui j'ai dû me montrer curieuse, m'a fait part de ses suppositions ; il attribue ce don aux sentiments d'équité de l'entrepreneur des démolitions.

Cet homme aura pensé que, si on trouvait la mort en travaillant sous ses ordres, il était justement redevable d'une indemnité envers la famille de la victime. Ne voulant pas cependant ériger cette action en principe, il a usé d'un moyen détourné pour vous faire parvenir cette somme. Telle est l'opinion de M. le curé; telle est aussi la mienne. Vous devez donc regarder cet envoi, non plus comme une aumône, non pas même comme un bienfait, mais comme la libération d'une dette funestement contractée envers vous.

Ces paroles ébranlèrent la jeune fille, mais elle ne fut pas convaincue.

— Je ne sais pourquoi cet argent me répugne, dit-elle ; est-ce avertissement ou étrange illusion ? Il me semble qu'il est taché du sang de mon père.

— Votre esprit souffre encore ; il a reçu le contre-coup de votre cœur.

— Je le crois, repondit Claire ; mais comment guérir ?

— En vous confiant à moi, en m'écoutant, en me permettant de m'initier quelquefois à vos peines et à vos intérêts.

— Que vous êtes bonne !

— Vous me regarderez comme une sœur mieux placée que vous dans le monde. Je vous aimerai beaucoup, je vous conseillerai un peu. Voulez-vous?

— Ah! ce sera trop d'honneur et du bonheur pour une pauvre fille comme moi!

— Pourquoi de l'honneur ? Ne vous servez pas de pareils mots; ils me chagrineraient, et me donneraient à mon tour de la défiance contre vous. Dans celle qui vous parle, ne voyez pas la femme, ne voyez que le cœur; rien ne le sépare du vôtre.

Claire lui baisa la main, ét, véritablement touchée, lui dit :

— Si toutes celles qui vous ressemblent par la naissance et par la beauté vous prenaient pour modèle, il n'y aurait ici-bas qu'un concert de reconnaissance et d'admiration.

— Encore! dit la grande dame, en souriant.

— Je ne sais pas retenir mes paroles au passage ; c'est comme le docteur Anselme.

— Vous connaissez le docteur Anselme? demanda-t-elle avec intérêt.

— Il était hier encore mon seul bienfaiteur, mon unique appui. C'est à lui que je dois de n'avoir pas douté du ciel au milieu de mes crises. Il me disait de ne jamais désespérer, que la vie est pleine de hasards merveilleux et soudains, et que Dieu envoie quelquefois ses anges au secours de ceux qui ont su se garder de la défaillance. Le docteur Anselme avait raison; vous êtes venue, madame.

— Alors, ma chère Claire, nous serons deux à vous guider désormais.

— Vous le connaissez donc, vous aussi?

— Certes ! répondit l'élégante visiteuse avec un accent de rare déférence ; le docteur Anselmo a eu, comme tant d'autres, sa part de revers et de malheurs, quoique sa discrétion sur ce sujet soit excessive. Il était appelé à une existence brillante, mais des événemens qu'il serait trop long de vous dérouler, ont anéanti ses espérances. C'est un des nôtres, bien qu'il n'ait jamais rien accepté de notre amitié.

— Excusez ma demande étourdie ! j'avais oublié que toutes les belles âmes sont parentes, dit Claire Bertholet.

— Reposez-vous sur lui et sur moi du soin de votre dignité ; abandonnez-vous à notre direction, et, pour commencer, acceptez ces mille francs : ils sont bien à vous, croyez-le.

Le front de la jeune fille redevint soucieux.

Mais, craignant, à son tour, de froisser la belle ambassadrice, elle prit le billet de banque que celle-ci lui tendait et le papier écrit qui y était joint.

— Je vous obéis, dit-elle.

— A la bonne heure ; et maintenant du courage et de la confiance ; vous n'êtes plus seule au monde.

La grande dame s'était levée ; elle embrassa l'ouvrière et lui dit :

— A revoir ; je reviendrai bientôt. En attendant, si vous aviez à m'informer de quelque chose de nouveau, ma chère Claire, voici mon adresse.

Claire reçut une carte étincelante de blancheur et glacée :

« Mme la marquise d'Espagnet, rue de Bourgogne, n° 10, » lut-elle, dès qu'elle fut seule.

FIN DU DEUXIÈME VOLUME.

Impr.merie WORMS et Cie à Argenteuil.
Bureaux rue Sainte-Anne, 63, à Paris.

**Avis aux personnes qui veulent monter un Cabinet de Lecture.**

## BIBLIOTHÈQUE
### DES
## MEILLEURS ROMANS MODERNES
### 2,300 volumes. — Prix : 2,500 francs.

Cette collection contient les NOUVEAUTÉS de nos auteurs les plus en vogue publiées jusqu'à ce jour par la maison, lesquelles sont accompagnées d'affiches à gravure et autres. — Tous les ouvrages sont NEUFS et garantis bien complets. Les Libraires qui feront cette acquisition recevront GRATIS cent exemplaires du Catalogue complet et détaillé avec une couverture imprimée à leur nom pour être distribués à leurs abonnés.

La Maison traite de gré-à-gré pour un nombre moins considérable de volumes à des conditions très-avantageuses. Grandes facilités de payement moyennant les renseignements d'usage. Le Catalogue se distribue gratis aux personnes qui en feront la demande par lettres affranchies.

Paris. — Imp. P.-A. BOURDIER et C⁽ⁱᵉ⁾, rue Mazarine, 30.

www.ingramcontent.com/pod-product-compliance
Lightning Source LLC
Chambersburg PA
CBHW060411170426
43199CB00013B/2094